sombras, TIPOS e mistérios da Bíblia

JOEL LEITÃO DE MELO

SOMBRAS, TIPOS e MISTÉRIOS DA BÍBLIA

DESCOBRINDO O SIGNIFICADO DO SIMBOLISMO DAS ESCRITURAS SAGRADAS

44ª impressão

Rio de Janeiro

2024

Todos os direitos reservados. Copyright © 1989 para a língua portuguesa da Casa Publicadora das Assembleias de Deus. Aprovado pelo Conselho de Doutrina.

É proibida a duplicação ou reprodução deste volume, no todo ou em parte, sob quaisquer formas ou meios (eletrônico, mecânico, gravação, fotocópia, distribuição na web e outros), sem permissão expressa da Editora.

Revisão: Verônica Araujo e Ester Soares
Capa: Fábio Longo
Projeto gráfico e editoração: Elisangela Santos

CDD: 230 - Cristianismo e Teologia Cristã
ISBN: 978-85-263-1522-8

As citações bíblicas foram extraídas da versão Almeida Revista e Corrigida, edição de 2009, da Sociedade Bíblica do Brasil, salvo indicação em contrário.

Para maiores informações sobre livros, revistas, periódicos e os últimos lançamentos da CPAD, visite nosso *site*:
https://www.cpad.com.br.

SAC — Serviço de Atendimento ao Cliente: 0800-021-7373

Casa Publicadora das Assembleias de Deus
Av. Brasil, 34.401, Bangu, Rio de Janeiro - RJ
CEP: 21.852-002

44ª impressão: 2024
Impresso no Brasil
Tiragem: 1.000

Dedicatória

À minha esposa, filhos e netos.

Agradecimento

A todos os que estimularam o preparo deste livro, com suas sugestões ou ajudando dum ou doutro modo, para que ele chegasse a ser publicado.

Homenagem

A meus pais, já promovidos à Glória Celestial, que despertaram em minha infância o gosto pela leitura da Palavra de Deus.
A meus professores de Análise Bíblica, no Seminário, missionários ingleses James H. Haldane e William B. Forsyth, que me esclareceram a mente na interpretação das Escrituras Sagradas.

Apresentação

O simbolismo das Escrituras Sagradas é um assunto sobre o qual não existe muita coisa na literatura evangélica no Brasil. Este livro se ocupa com este tema, que julgamos ser de alta importância para os que gostam de estudar a Bíblia.

Há alguns anos escrevemos uns estudos sobre tipologia e demos o título de Figuras que avisam, trazendo um apêndice sobre a Pirâmide de Quéops, que acreditamos ter uma relação com as profecias.

Foi feita uma pequena mudança naquela obra, de modo que oferecemos o mesmo material tipológico com outro nome: Sombras, tipos e mistérios da Bíblia.

Nos capítulos sobre Numerologia foram acrescentados alguns elementos que podem trazer novos conhecimentos ao assunto.

E em lugar do apêndice do livro anterior, vai um capítulo sobre Os Mistérios de Deus, abrangendo a pessoa de Jesus Cristo, a Igreja e a Segunda Vinda do Senhor.

Nosso desejo é que os leitores, por meio desta obra, enriqueçam seu conhecimento da Palavra de Deus.

J.L.M.

Sumário

Dedicatória 5
Agradecimento 7
Homenagem 9
Apresentação 11
Linguagem Figurada 15
1. Símbolos Gerais I 19
2. Símbolos Gerais II 29
3. Tipos Humanos de Jesus Cristo 37
4. Tipos não Humanos de Jesus 45
5. O Tabernáculo 59
6. As Ofertas de Levítico, Jesus como Redentor 71
7. As Noivas do Antigo Testamento e a Igreja de Jesus Cristo 85
8. Símbolos do Espírito Santo 91
9. Três Árvores que Simbolizam Israel 99
10. O Judeu e Jerusalém 107
11. Numerologia I 119
12. Numerologia II 131

13. Símbolos do Apocalipse I 145
14. Símbolos do Apocalipse II 157
15. Símbolos do Apocalipse III 167
16. Aleluia! Amém! 179
17. Os Mistérios de Deus 185

Linguagem Figurada

"Desvenda os meus olhos, para que veja as maravilhas da tua lei" (Sl 119.18)

A Bíblia tem alguma coisa diferente de todos os outros livros deste mundo.

A sua preservação por tantos séculos e a sua divulgação, sendo aceita e apreciada por tantas pessoas de classes, condições e profissões diferentes. Reis, filósofos, poetas, estadistas, sacerdotes, médicos, publicanos, pescadores, etc. escreveram, um no deserto de Sinai, outro no palácio de Jerusalém, outro junto ao rio da Babilônia, outro na cadeia de Roma, outro na Ilha de Patmos. Há um período de quase 1.600 anos entre o primeiro e o último escritor. Os materiais apresentados são: história, genealogia, lei, ética, profecia, ciência, higiene, economia, política e regras para a conduta pessoal. Tudo isto forma uma unidade, expondo o plano de Deus na salvação dos pecadores.

Gênesis é o começo das coisas. Apocalipse, a consumação.

De Gênesis a Malaquias — A Salvação necessária, prometida e tipificada.

Os quatro Evangelhos — A Salvação realizada.

De Atos a Apocalipse — A Salvação aplicada e consumada.

Na exposição da mensagem de Deus, a Bíblia usa linguagem figurada ou simbólica, que pode ser entendida pelo contexto ou pela comparação de outras passagens no mesmo assunto.

Muitas figuras de retórica estão no texto bíblico, tornando a ideia enfática, mantendo sempre a clareza do pensamento. A Bíblia é assim um livro de metáforas, símiles, alegorias, tipos, símbolos, etc.

Metáfora — Um objeto tomado por outro — "O Cordeiro de Deus".

Símile — Comparação — "Sou como o pelicano no deserto" (Sl 102.6a).

Metonímia — Uma coisa tomada por outra, com relação de:
a) Causa pelo efeito — "Têm Moisés e os profetas" (Lc 16.29b).
b) Efeito pela causa — "Duas nações há no teu ventre" (Gn 25.23a).

Hipérbole — Aumento ou diminuição exagerada da realidade das coisas. "...faço nadar o meu leito...com as minhas lágrimas" (Sl 6.6).

Ironia — Pensamento com sentido oposto ao significado literal. "...o homem é como um de nós, sabendo o bem e o mal" (Gn 3.22b).

Antropomorfismo — Atribuição a Deus das faculdades humanas: "O Senhor cheirou o suave cheiro" (Gn 8.21a).

Tipo — Alguma pessoa, coisa ou cerimônia que se refere a eventos futuros.

Símbolo — Algum objeto material representando verdades espirituais.

Alegoria — Aplicação alegórica de histórias verídicas ou exposição dum pensamento sob forma figurada.

Exemplos de alegorias: No primeiro caso, está a história dos dois filhos de Abraão, Ismael e Isaque, como os dois concertos da lei e da graça (Gl 4.22,23). No segundo caso, vem a história da vinha que foi trazida do Egito (Sl 80.8-10); e a das duas águias e a videira (Ez 17.3-10). Há várias outras nos profetas. O livro de Cantares é uma alegoria representando o amor de Cristo para a sua igreja.

Parábola — Uma narrativa em que as pessoas e fatos correspondem às verdades morais e espirituais.

Parábolas do Antigo Testamento:

1. A Ovelha do Homem Pobre (2 Sm 12)

Davi mandou colocar Urias num lugar perigoso para os inimigos o matarem e quando ele foi morto, ficou com a mulher.

A morte de Urias aconteceu como se fosse coisa natural da guerra, mas foi planejada por Davi. Natã, o profeta, foi mandado por Deus para repreendê-lo. Natã apresentou a parábola de um homem rico que tomou a única ovelha que o pobre possuía, matou-a e preparou uma refeição para o amigo que chegou. Davi disse: "...digno de morte é o homem que fez isso" (2 Sm 12.5b). Natã respondeu: "Tu és este homem" (2 Sm 12.7b).

2. O Moço que Matou o Irmão (2 Sm 14.6)

Absalão matou o irmão e estava desterrado. Joabe desejava que o rei desse ordem para sua volta. Arranjou uma mulher para dizer ao rei que seu filho matou o irmão e estava ameaçado de morte, assim ela ficaria sem filhos, pediu ao rei para livrá-lo. O rei prometeu a ela e descobriu que era de Absalão que ela falava e que fora instruída por Joabe.

3. As Duas Meretrizes (Ez 23)

Para condenar o pecado de Israel e de Judá, o profeta falou das duas meretrizes, comparando o pecado de idolatria ao da prostituição. Este sentido dado à idolatria é muito comum nos profetas. No capítulo 16, Ezequiel apresenta uma ilustração igual, porém falando de uma só, Jerusalém.

Os evangelhos estão cheios de parábolas de Jesus Cristo. Continuamente Jesus falava por parábolas. Quando os discípulos não entendiam o sentido espiritual, pediam explicação e Ele atendia (Mc 4.10,11). Os que não se interessavam, ouviam só as parábolas e iam embora sem nada aproveitarem.

Quem necessita de sabedoria para ver pela fé Jesus ao lado, peça a Deus, que a todos dá liberalmente (Tg 1.5). Então ouvirá do próprio Salvador a palavra que Ele dirigiu aos discípulos: "...A vós vos é dado saber os mistérios do reino de Deus..." (Mc 4.11b). Para os incrédulos, continuam encobertos e confusos os pensamentos da revelação dos céus.

Símbolos e Tipos

Como as duas figuras mais desenvolvidas neste livro são símbolos e tipos, será bom observar alguns fatos ligados ao seu uso.

O tipo é alguma pessoa ou coisa que se refere a acontecimentos futuros. Sempre é empregado na esfera religiosa.

O símbolo é algum objeto material, representando verdades morais e espirituais. É usado em geral na linguagem e nas atividades dos homens.

Para compreender bem as Escrituras Sagradas, é preciso ter uma noção clara dos símbolos. Deste modo se entende melhor os tipos. Um tipo pode encerrar vários símbolos. A interpretação das profecias depende da significação dos símbolos. Por meio de símbolos, o Antigo Testamento contém as doutrinas do Novo.

Primeiramente se entende o vocabulário da Bíblia no sentido literal. Depois aparece o simbolismo, lembrando algum aspecto da obra de Jesus Cristo, da vida da Igreja, ou das obrigações do crente em seu testemunho e cultivo da comunhão com Deus.

Um modo de classificar os tipos é assim:
Tipos *históricos* e tipos *rituais*.

Os tipos *históricos* podem ser *pessoais* ou *coletivos*.

Pessoais, quando certos personagens do Antigo Testamento têm alguma semelhança com a pessoa de Jesus ou ilustram alguma revelação da doutrina do Evangelho. Este caso é o que vem no capítulo intitulado *Tipos Humanos de Jesus*.

Coletivos, aplicação dos acontecimentos da vida de um povo ou de uma coletividade à Igreja aqui no mundo ou como aviso sobre o modo de proceder dos crentes.

Tipos *rituais*, quando os detalhes da Lei Mosaica prefiguram o ensino do Novo Testamento. Isto aparece nos capítulos sobre o Tabernáculo e sobre cerimônias de *Levítico*.

Capítulo 1

Símbolos Gerais I

"Começando por Moisés, e por todos os profetas, explicava-lhes o que dele se achava em todas as Escrituras" (Lc 24.27).

Muitas palavras das Santas Escrituras são empregadas com vários sentidos, apresentando alguma relação com a nossa união a Deus, pela salvação alcançada pela morte de Jesus.

Num espaço pequeno, não é possível estudar todas. Escolhendo algumas cujo simbolismo é mais claro, poderemos apresentar neste livro um pouco das aplicações que são feitas para nosso crescimento espiritual.

O sentido em que é empregada uma palavra pode ser descoberto pelo contexto ou por outras passagens no mesmo assunto. Seguem as palavras que encerram vários símbolos:

Árvore

1. Símbolo da Graça de Deus e da Vida Eterna

Quando Deus preparou um lugar para habitação de sua criatura, o Jardim do Éden, pôs ali "a árvore da vida" e "a árvore da ciência do bem e do mal" (Gn 2.9b). Eram literalmente árvores, mas representavam necessidades espirituais. A árvore da vida estava no meio do jardim, guardada pela mente do Criador, merecendo uma atenção especial.

"Adão, tendo pecado, ficou privado de comer da árvore da vida", por isso foi expulso do Éden. A figura da árvore da vida atravessa toda a revelação bíblica. Na restauração do pecador, terá ele direito a comer do seu fruto. Numa das promessas ao vencedor, o Espírito diz expressamente às igrejas: "ao que vencer, dar-lhe-ei a comer da árvore da vida, que está no meio do paraíso de Deus" (Ap 2.7).

O que o homem perdeu pelo pecado, alcança pela misericórdia de Deus, que providenciou a sua salvação e o recebe como Justo.

Na visão de Ezequiel 47, há um rio que sai do santuário (vv. 2 e 12) ladeado por toda a sorte de árvore que dá fruto para alimento e folhas para remédio. Refere-se ao reino glorioso de Jesus Cristo, quando Satanás estiver preso e os incrédulos no seu lugar. Então haverá paz e abundância.

Finalmente aparece a árvore da vida na última visão das coisas novas, depois de todas as etapas do juízo de Deus. Em Apocalipse 22.2a diz: "No meio da sua praça, de uma e da outra banda do rio, estava a árvore da vida". É no ambiente dos salvos, na presença de Deus, quando diz a Escritura: "E ali nunca mais haverá maldição..."(v. 3a), "E ali não haverá mais noite..."(v. 5a), e os salvos reinarão para todo o sempre.

A árvore da ciência do bem e do mal foi uma, escolhida por Deus, como prova da obediência de Adão. Os inimigos da Bíblia, e zombadores dizem que foi a macieira e a fruta comida por Eva e Adão foi a maçã. Naquela passagem não se fala em maçã. Ninguém sabe que espécie de árvore era. A serpente disse a Eva que eles ficariam como Deus, sabendo o bem e o mal. Quando comeram, viram que estavam nus, viram que eram culpados e procuraram se esconder. Havia diferença entre o conhecimento deles acerca do bem e do mal e o de Deus. Deus conhecia o bem e o mal, sem ser atingido pelo mal, Adão e Eva conheciam o bem e o mal, sem poderem evitar o mal e sem paz na vida.

2. As Árvores também Simbolizam os Homens

Jesus Cristo, falando de falsos profetas, diz: "Assim, toda a árvore boa produz bons frutos, e toda a árvore má produz frutos maus. Toda a árvore que não dá bom fruto corta-se e lança-se no fogo" (Mt 7.15,19).

Símbolos Gerais I

João Batista pregou assim: "E também agora está posto o machado à raiz das árvores..." (Mt 3.10a). Convidava o povo para arrepender-se de seus pecados, ilustrando o juízo de Deus com o machado à árvore.

No sonho de Nabucodonozor apareceu uma árvore grande, representando o reino do próprio Nabucodonozor. Pela interpretação de Daniel, Deus avisou o rei sobre o castigo que viria em sua vida por causa do orgulho (Dn 4.10-14, 20-23).

3. As Árvores São Símbolos dos que Obedecem

Os justos são comparados às árvores "...a fim de que se chamem árvores de justiça, plantação do Senhor" (Is 61.3b).

Quem anda fazendo a vontade de Deus é "...como a árvore plantada junto a ribeiros de águas, a qual dá o seu fruto na estação própria... e tudo quanto fizer prosperará" (Sl 1.3).

A missão do crente neste mundo é como a da árvore, sua finalidade é beneficiar os outros. Suas obras devem ser como frutos para alimentar os necessitados espirituais. A árvore dá sombra para abrigar os que precisam, sua madeira se transforma em móveis para o conforto, e serve de lenha para aquentar e preparar a comida. Ainda as folhas são usadas como remédios. O crente deve ser assim: tudo para os outros. Judas fala de uns falsos irmãos que perturbavam o ambiente e diz que eles são "...árvores murchas, infrutíferas, duas vezes mortas, desarraigadas" (Jd 12c).

Carne

A carne é o tecido muscular dos animais. Vem nas páginas bíblicas com diversos significados.

1. A Palavra Aparece no Sentido Literal

Numa das murmurações, os israelitas disseram: "...Quem nos dará carne a comer?" (Nm 11.4c) Surgem ideias e opiniões contrárias ao uso da carne como alimento, dizendo que Deus ordenou a Adão para comer só vegetais: "...toda a erva... e toda a árvore..." (Gn 1.29). Isto é verdade, porém, logo após o dilúvio, Deus deu ordem a Noé para comer carne (Gn 9.3,4).

Em Levítico 11 deu uma lista de animais, chamados limpos, cuja carne podiam comer. Na Páscoa comiam um cordeiro assado. Jesus comeu o cordeiro pascoal, quando estava aqui no mundo (Mc 14.12-20). E na história de Elias, certa vez, Deus providenciou o sustento dele, mandando-lhe pão e carne (1 Rs 17.6).

2. A Carne É a Humanidade de Jesus

"E o Verbo se fez carne e habitou entre nós..." (Jo l.14a). "...agora nos reconciliou. No corpo da sua carne, pela morte..." (Cl 1.21c,22a). "... Cristo padeceu por nós na carne..." (1 Pe 4.1a). "Pelo novo e vivo caminho que ele nos consagrou, pelo véu, isto é, pela sua carne" (Hb 10.20). Para resolver nosso problema de salvação, Ele precisou ser um homem como os outros, exceto no pecado. Assim tomou a nossa natureza, para sofrer pelos nossos pecados e cumprir a exigência da Justiça. Com o que Ele sofreu na carne, abriu caminho para Deus, sua obra foi classificada como reconciliação entre o pecador e Deus.

No Tabernáculo e no Templo havia um véu, uma cortina bem volumosa, impedindo a entrada do povo no Santo dos Santos. Quando Jesus morreu, o véu se rasgou de alto a baixo (Mt 27.51), significando que desaparecia a separação, o impedimento no acesso a Deus. O véu era tipo da carne ou da humanidade de Jesus (Hb 10.20). Agora por Ele nós chegamos a Deus. Por isso Jesus é o único meio de salvação. "E em nenhum outro há salvação, porque também debaixo do céu nenhum outro nome há, dado entre os homens pelo qual devamos ser salvos" (At 4.12). E "...só há um Mediador entre Deus e os homens, Jesus Cristo, homem" (1 Tm 2.5). Sempre a sua humanidade. Se Ele não fosse Deus e homem, não poderia salvar os outros.

3. A Carne É o Poder do Homem, o Valor da Humanidade

Quando Senaqueribe, rei da Assíria, preparou uma guerra contra Ezequias, rei de Judá, este, sendo crente fiel, confiou na proteção de Deus e animou o seu povo com estas palavras: "Com ele [Senaqueribe] está o braço de carne, mas conosco o Senhor nosso Deus" (2 Cr 32.8a). O resultado foi que Deus mesmo destruiu o poder do rei da Assíria. Ezequias não matou ninguém. O Anjo do Senhor destruiu os soldados de Senaqueribe, que voltou envergonhado para sua terra, e lá seus próprios filhos o mataram.

Símbolos Gerais I

O profeta Jeremias diz: "...Maldito o homem que confia no homem, e faz da carne o seu braço, e aparta o seu coração do Senhor" (Jr 17.5b). Outra vez é um contraste entre o poder do homem e o poder de Deus.

Geralmente os homens aplicam esta frase aos outros, como se dissessem: "Eu não devo confiar nos outros". O sentido da palavra de Jeremias é: maldito quem confia no poder do braço humano, quem confia em si mesmo. E a pessoa confia em si mesma. A pessoa confia muito mais em seu próprio poder do que em Deus, por isso é maldita.

Na primeira epístola de Pedro, lemos: "...toda a carne é como erva, e toda a glória do homem como a flor da erva. Secou-se a erva, e caiu a sua flor" (1 Pe 1.24). Este pensamento foi transcrito do profeta Isaías, significando a brevidade da vida neste mundo. O homem parece ter tanto poder na terra, de repente fica velho ou morre, e passa tudo.

A carne, o valor humano, é tão fraca como a flor do campo.

4. A Carne É uma Natureza Branda, Obediente a Deus

O salmista expressando o desejo de se aproximar de Deus, o anelo de sua alma pela presença do Senhor, fala deste modo: "...o meu coração e a minha carne clamam pelo Deus vivo" (Sl 84.2b).

Referindo-se ao futuro glorioso dos filhos de Israel, Deus promete fazer com que eles se convertam e voltem ao seu Deus e Senhor. A predição é: "...Tirarei da sua carne o coração de pedra, e lhes darei um coração de carne" (Ez 11.19b).

O coração de pedra é a incredulidade, a rebeldia contra Deus, o coração de carne é a submissão, a conversão.

5. Carne É a Inclinação Má, a Tendência para o Pecado

Neste sentido, ela aparece mais de setenta vezes no Novo Testamento. Jesus, no Getsêmane, recomendou aos discípulos que vigiassem enquanto Ele orava, e eles dormiram. A razão foi explicada pelo próprio Jesus: "...O espírito, na verdade, está pronto, mas a carne é fraca" (Mc 14.38b).

Paulo, tratando da condição dos salvos, no capítulo oito da epístola aos Romanos, explica com clareza a luta que há em nosso íntimo: "...a inclinação da carne é morte; mas a inclinação do espírito é vida e paz. Porquanto a inclinação da carne é inimizade contra Deus" (Rm 8.6,7b). Ainda "...na minha carne, não habita bem algum: e com efeito o querer está em mim, mas não consigo realizar o bem" (Rm 7.18b). "...a carne cobiça contra o Espírito, e o Espírito contra a carne; e estes opõem-se um ao outro: para que não façais o que quereis" (Gl 5.17). A luta que existe dentro de nós é produzida por um impulso do desejo de obedecer a Deus e outro da natureza má que a Bíblia chama de carne.

Um crente certa vez ilustrou este caso, dizendo: "Eu tenho no íntimo dois cachorros lutando sempre". Outro perguntou: "Qual é o que vence?" Ele respondeu: "O que eu alimentar melhor".

A vitória não é de nós. Jesus disse: "...porque sem mim nada podeis fazer" (Jo 15.5c). Paulo mesmo expõe o assunto, ensina donde vem a vitória: "...somos mais do que vencedores, por aquele que nos amou" (Rm 8.37). Há outras passagens que falam também de nossa vitória.

João diz: "Esta é a vitória que vence o mundo, a nossa fé" (1 Jo 5.4b). E em Apocalipse 12.10 e 11a: "...porque já o acusador de nossos irmãos é derribado, o qual diante do nosso Deus os acusava de dia e de noite. E eles o venceram pelo sangue do Cordeiro e pela palavra de seu testemunho".

Pela fé no poder de Deus, estando unido a Jesus Cristo, cultivando a Palavra de Deus e vivendo a vida de testemunho, o crente será vitorioso sobre Satanás, o mundo e a carne.

Pedra

1. Pedra Quer Dizer Monumento

Sua principal utilidade sempre foi nas construções, porém nos tempos antigos servia de monumento. Jacó usou a pedra que lhe serviu de travesseiro e a pôs como coluna, fazendo voto a Deus (Gn 28.18-20). Outra vez Jacó fez um montão de pedras como testemunha, quando se separou de Labão (Gn 31.45-49).

Josué mandou tirar doze pedras do fundo do rio Jordão para memorial, para relembrar a passagem no Jordão (Js 4.4-8).

Samuel, depois da vitória sobre os filisteus, tomou uma pedra e a pôs entre Mispá e Sem, e chamou o seu nome Ebenézer, *pedra de ajuda*, querendo dizer: "...Até aqui nos ajudou o Senhor" (1 Sm 7.12b).

Símbolos Gerais I

2. Pedra Pode Ser a Incredulidade, a Insensibilidade do Homem para com Deus

Quem não obedece a voz de Deus tem o coração de pedra. Nabal, dominado pelo egoísmo, não reconheceu que Davi era o rei escolhido por Deus. Embora tivesse recebido auxílio dos servos de Davi na proteção de seus rebanhos, recusou dar o auxílio que Davi pediu. "...e se amorteceu nele, o seu coração, e ficou ele como pedra" (1 Sm 25.37b) e o Senhor o feriu e ele morreu. Deus, em sua misericórdia, está pronto a transformar os corações de pedra. "...e tirarei da sua carne o coração de pedra, e lhes darei um coração de carne" (Ez 11.19b e 36.26b). As pedras eram os filhos de Israel em sua incredulidade. João Batista, em sua pregação, afirmou que daquelas pedras (os judeus, que o ouviam) Deus poderia suscitar filhos a Abraão (Mt 3.9).

3. Pedra Representa o Crente na Obra da Igreja de Jesus Cristo

Sob a direção do Espírito Santo, os crentes, como pedras vivas, formam o edifício espiritual para testemunho do Evangelho. "Vós também, como pedras vivas, sois edificados casa espiritual e sacerdócio santo, para oferecer sacrifícios espirituais agradáveis a Deus por Jesus Cristo" (1 Pe 2.5). "No qual [Jesus Cristo] também vós juntamente sois edificados para morada de Deus em Espírito" (Ef 2.22).

4. Pedra É a Recompensa do Crente Fiel, no Julgamento de suas Obras; É Chamada Pedra numa das Ilustrações

Os incrédulos serão julgados no trono branco de Apocalipse 20. Todos irão para o lago de fogo.

No encontro com o Senhor (1 Ts 4.17), as obras do crente serão julgadas no Tribunal de Cristo (2 Co 5.10), que no grego é chamado "Bema" — entrega da recompensa. (O tribunal que julga os incrédulos é "thronos"). Naquela ocasião o resultado será: "Se a obra que alguém edificou nessa parte permanecer, esse receberá galardão. Se a obra de alguém se queimar, sofrerá detrimento; mas o tal será salvo, todavia como pelo fogo" (1 Co 3.14,15).

Esta recompensa ou galardão do crente fiel é representada por uma pedra branca com um novo nome escrito. "Ao que vencer... dar-lhe-ei uma pedra branca, e na pedra um novo nome escrito, o qual ninguém conhece senão aquele que o recebe" (Ap 2.17).

5. Pedra É um Título de Jesus Cristo

"E chegando-vos para ele — pedra viva, reprovada, na verdade, pelos homens, mas para com Deus eleita e preciosa... Eis que ponho em Sião a pedra principal da esquina, eleita e preciosa; e quem nela crer não será confundido... E uma pedra de tropeço e rocha de escândalo, para aqueles que tropeçam na Palavra, sendo desobedientes" (1 Pe 2.4,6b,8b).

Pedro afirma nesta passagem que Jesus Cristo é pedra viva, eleita por Deus. Quem nela crer não será confundido.

É muito comum ouvirmos dizer que sobre religião há uma confusão muito grande. Cada um adota uma ideia diferente. "São tantos credos, tantas seitas, tantos grupos divergindo e divisões em cada religião, que ninguém pode entender nada".

Quem diz isto não encontrou ainda Jesus Cristo. Quem creu nele como seu salvador pessoal, não tem qualquer dúvida, não será confundido. A confusão do mundo é uma prova da inspiração da Bíblia que ensina que "o mundo está posto no maligno" (1 Jo 5.19), e que vai de mal para pior.

Ele também é "...pedra de tropeço ou rocha de escândalo" para os desobedientes. Pode ser comparada neste caso ao degrau de uma escada, um degrau é feito para elevar as pessoas, transportar alguém para um plano mais elevado. Se a pessoa, por distração ou por estupidez, não usar direito o degrau, bater o pé contra ele, poderá cair, sujar-se, quebrar uma perna e sofrer outros prejuízos.

Jesus veio a este mundo para salvar o pecador, elevá-lo ao plano celestial da presença de Deus.

Se o pecador despreza a palavra de Jesus Cristo e não atende ao seu convite, é castigado por Deus: "E, como eles se não importaram de ter conhecimento de Deus, assim Deus os entregou a um sentimento perverso, para fazerem coisas que não convêm" (Rm 1.28). Nesta condição, o pecador não entende mais nada e, em seu modo de raciocinar, acha erros na obra de Jesus. Bate contra o degrau, cai, perde sua alma. Para ele o filho de Deus se tornou pedra de tropeço e escândalo.

Jesus disse: "Bem-aventurado é aquele que se não escandalizar em mim" (Mt 11.6).

A Igreja de Cristo é edificada sobre o "...fundamento dos apóstolos e dos profetas, de que Jesus Cristo é a principal pedra de esquina" (Ef

2.20). Esta passagem se refere à ilustração que Jesus fez em Mateus 7.24-27, do homem prudente que edificou a casa sobre a rocha. Quem escuta e pratica a Palavra de Deus, edificou sua casa espiritual sobre a rocha (Jesus Cristo). As forças do mal não a derrubam. Também Jesus é: "...A pedra, que os edificadores rejeitaram, essa foi posta por cabeça do ângulo..." (Mt 21-42b). Os homens rejeitaram o Filho de Deus e Ele permanece tão honrado à destra do Pai.

Nossa grande bênção agora é que Ele é a rocha, sobre que está edificada nossa fé e quem nele crê está livre da confusão que abrange todo o mundo dominado pelas trevas.

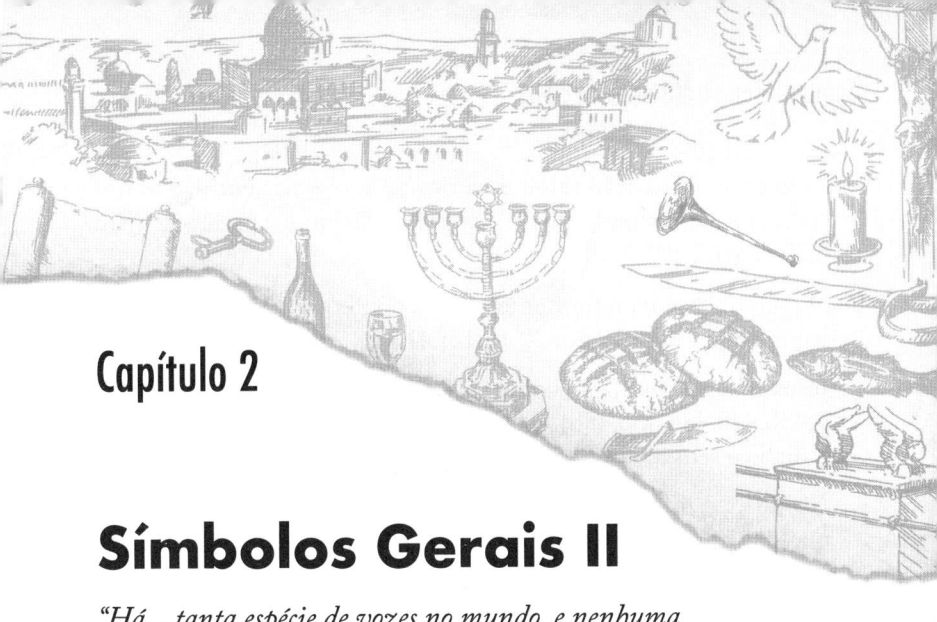

Capítulo 2

Símbolos Gerais II

"Há... tanta espécie de vozes no mundo, e nenhuma delas é sem significação" (1 Co 14.10).

Fogo

1. Deus é chamado um fogo consumidor (Dt 4.24) com o sentido de Deus zeloso (Êx 20.5) que "...ao culpado não tem por inocente..." (Êx 34.7c). Assim saiu fogo do Senhor e consumiu a Nadabe e Abiú, porque ofereceram fogo estranho (Lv 10.2). Desceu fogo do céu e consumiu dois capitães cada um com cinquenta homens, que foram prender o profeta Elias (2 Rs 1.10-12). Apareceu em visões aos profetas no meio do fogo (Is 6.4; Ez 1.4; Ap 1.14). O castigo de Deus é ilustrado pelo fogo que consumia (Sl 18.6,12).

2. A presença e aprovação de Deus se manifestam pelo fogo caindo sobre os sacrifícios feitos a Ele. Houve uma tocha de fogo sobre sacrifícios feitos por Abraão (Gn 15.17), e caiu fogo, da parte do Senhor, sobre o holocausto oferecido por Elias, em desafio aos profetas de Baal (1 Rs 18.38).

3. O fogo pode ser a perseguição ou as provações que o crente sofre. "...Passamos pelo fogo e pala água..." (Sl 66.12b) "...quando passares pelo fogo não te queimarás, nem a chama arderá em ti" (Is 43.2b). "Para que aprovada vossa fé, muito mais preciosa do que o ouro que perece e é provado pelo fogo..." (1 Pe 1.7a).

O fogo da tribulação serve para prova da fé e paciência, que nos traz conhecimento espiritual. "...a tribulação produz paciência" (Rm 5.3b; Tg 1.2,12).

4. O fogo representa o tormento eterno, o inferno, que é chamado "o lago de fogo" (Ap 19.20; 20.14,15; 21.8).

Jesus falou da perdição como "...o fogo que nunca se apaga (Mc 9.43b,44b,45b,46b,48b). Ainda: "...o fogo eterno, preparado para o diabo e seus anjos" (Mt 25.41b).

No juízo, o mundo será destruído com fogo. Os céus em fogo se queimarão, e os elementos, ardendo, se desfarão (2 Pe 3.10). "Mas os céus e a terra que agora existem... se guardam para o fogo, até o dia do juízo..." (2 Pe 3.7).

5. O fogo ilustra a proteção de Deus para com o seu povo. "Eu, o Senhor, serei para ela um muro de fogo em redor..." (Zc 2.5).

Quando o profeta Elizeu estava ameaçado pelo rei da Síria, o exército cercou a cidade de Dotã para prender o profeta. De manhã, o moço que acompanhava Eliseu, se levantou primeiro e, vendo o exército inimigo ao redor com cavalos e carros, disse: "...Ai, meu senhor! Que faremos?" (2 Rs 6.15c).

Eliseu respondeu: "...Não temas; porque mais são os que estão conosco do que os que estão com eles" (2 Rs 6.16b). Em seguida Eliseu orou a Deus pedindo que o Senhor abrisse os olhos do moço para ver a proteção de Deus. O Senhor atendeu a oração, abriu os olhos do jovem e este viu o monte cheio de cavalos e carros de fogo ao redor de Eliseu (2 Rs 6.12,17).

Além destes, o fogo ainda é símbolo do Espírito Santo. Este ponto será explicado no capítulo sobre símbolos do Espírito Santo. Também no julgamento dos crentes suas obras serão provadas pelo fogo (1 Co 3.14,15).

Mundo

O mundo é a terra, este planeta em que vivemos, figuradamente tem vários sentidos na revelação bíblica.

1. A Humanidade

"...Deus amou o mundo de tal maneira que deu o seu Filho unigênito..." (Jo 3.16a). "Se o mundo vos aborrece..." (Jo 15.18a). "...tem determinado um dia em que com justiça há de julgar o mundo, por meio do varão que destinou..." (At 17.31a). "...Deus estava em Cristo reconciliando consigo o mundo..." (2 Co 5.19). "Sabemos que este é verdadeiramente o Cristo, o Salvador do mundo" (Jo 4.42b).

2. As Vantagens Materiais que Despertam a Cobiça

Na tentação de Jesus, o Diabo mostrou os reinos do mundo e a glória deles e ofereceu tudo a Jesus se este o adorasse (Mt 4.8,9).

Muita gente iludida com a glória do mundo, atende ao inimigo Satanás e o adora, por uma pequena parcela das coisas materiais. Jesus diz "Pois que aproveita ao homem ganhar o mundo inteiro, se perder a sua alma?..." (Mt 16.26a).

Um companheiro de Paulo se desviou buscando o mundo. Foi Demas, que aparece na saudação aos colossenses (Cl 4.14). Era considerado por Paulo como cooperador junto com Lucas, na saudação a Filemom (Fm v 24). A última referência ao seu nome é uma história triste: "...Demas me desamparou, amando o presente século..." (2 Tm 4.10). A palavra século aqui não representa espaço de cem anos, é a vantagem aparente do mundo. É a mesma que em Romanos 12.2, aparece como advertência: "E não vos conformeis com este mundo...".

3. As Coisas Corrompidas pelo Pecado

João recomenda: "Não ameis o mundo... Se alguém ama o mundo, o amor do Pai não está nele. E o mundo passa, e a sua concupiscência; mas aquele que faz a vontade de Deus permanece para sempre" (1 Jo 2.15 e 17).

A mulher de Ló foi levada para fora de Sodoma pela mão do anjo, contudo sentia saudade da glória do mundo, olhou para trás e ficou transformada numa estátua de sal (Gn 19.26). Jesus adverte: "Lembrai-vos da mulher de Ló" (Lc 17.32).

Vento

O poder de Deus é comparado ao vento ou manifestado pelo vento. Um forte vento operou a abertura do mar para os israelitas passarem (Êx 14.21). Em Isaías 27, Deus fala do povo de Israel; referindo-se ao castigo de sua desobediência, diz: "...Ele a tirou como seu vento forte" (Is 27.8b). Deus emprega "os quatro ventos" para juntar os filhos de Israel na sua glória futura (Ez 37.9) e para espalhar os inimigos (no caso, os elamitas — Jr 49.36).

Estes quatro ventos são entendidos assim:

Vento oriental ou *vento leste*, é devastação. No sonho de faraó, as sete vacas magras e as sete espigas fracas foram queimadas por um vento oriental e representavam sete anos de fome (Gn 41.23,27). Como castigo pela idolatria de Israel, Deus resolveu espalhá-los diante da face do inimigo, por meio de um vento oriental (Jr 18.17).

Acerca do povo de Israel, comparado à videira, Deus fala deste modo: "...tocando-lhe o vento oriental, de todo não se secará?" (Ez 17.10b).

Vento ocidental é livramento. Com a praga dos gafanhotos no Egito, Faraó se humilhou por um pouco de tempo, confessou seu pecado e pediu que Moisés e Arão orassem para o Senhor retirar a praga. Deus mandou um vento ocidental fortíssimo, que levantou os gafanhotos e lançou-os no mar vermelho (Êx 10.16 a 19).

Vento norte é friagem: "...do norte o frio. Pelo assopro de Deus se dá a geada, e as largas águas se endurecem" (Jó 37.9b,10). "O vento norte afugenta a chuva..." (Pv 25.23b).

Vento sul traz calma: "ou de como os teus vestidos aquecem, quando do sul há calma sobre a terra?" (Jó 37.17). "...Nem tu, vento sul: assopra no meu jardim..." (Ct 4.16). E parte do versículo é "para que se derramem os seus aromas". A calma do crente, tipificada pela noiva, deseja que venha a calma, a paz em sua vida, para se espalhar o aroma do jardim que agrada o noivo, numa atitude e testemunho de que Jesus Cristo se agrade.

Vento, finalmente, é símbolo de doutrinas errôneas ou prejudiciais. "Para que não sejamos mais meninos inconstantes, levados em roda por todo o vento de doutrina" (Ef 4.14). Nossa casa espiritual, nossa convicção religiosa, é atacada por três poderes do mal: *a chuva*, o povo do mundo; *os rios*, as organizações da sociedade; *e os ventos*, as doutrinas

Símbolos Gerais II

falsas (Mt 7.24-27). O profeta Oseias diz de Efraim: "Apascenta-se de vento, e segue o vento leste" (Os 12.1a). Estava desprezando a Palavra de Deus e seguindo a mentira.

Cada dia aumenta o volume de doutrinas perigosas, quem não estiver firme na rocha que é Jesus Cristo, cairá.

Fermento

É sempre usada esta palavra na Bíblia com o sentido de maldade, influência contrária à santidade, ou coisa que estraga o ambiente espiritual.

Na comemoração da Páscoa, os judeus, por ordem divina, tiravam todo o fermento de casa e, durante os sete dias, quem comesse pão levedado, seria cortado de Israel (Êx 12.15). Também na oferta de Manjares, não era permitido o fermento (Lv 2.11).

Jesus recomendou que os discípulos se guardassem do fermento dos fariseus e dos saduceus. Eles pensaram que o Senhor falava do pão material. Quando Jesus lembrou a multiplicação dos pães, compreenderam que Jesus falava da doutrina dos fariseus (Mt 16.6 a 12). O fermento dos fariseus era a hipocrisia e orgulho de espiritualidade. O dos saduceus era materialismo (At 23.8), negação da verdade de Deus.

Também Jesus advertiu sobre o fermento de Herodes (Mc 8.15). Herodes tinha astúcia de raposa. Reconciliou-se com Pilatos para condenar Jesus. Tomou a mulher do irmão e prendeu João Batista porque este o repreendeu. Continuou a viver com a mulher que pediu a morte do profeta (Mt 14.3-12).

Numa parábola, Jesus ensinou: "O reino dos Céus *é* semelhante ao fermento que uma mulher introduziu em três medidas de farinha, até que tudo seja levedado" (Mt 13.33).

A ideia de "tudo levedado" vem duas vezes nas epístolas de Paulo: "Um pouco de fermento leveda toda a massa" com sentido de erro, de maldade (1 Co 5.6b e Gl 5.9). Ali claramente é um contraste entre o fermento da maldade e da malícia com "os asmos da sinceridade".

Há quem interprete a parábola do fermento dizendo que o fermento é o Evangelho e a massa a humanidade e a mensagem de Jesus vai alcançar todo o mundo. Houve uma corrente de teólogos ensinando que quando toda a humanidade fosse crente, Jesus viria estabelecer o Reino do Milênio.

Sombras, Tipos e Mistérios da Bíblia

Esta doutrina se chamava pós-milenialismo e foi criada pelo inglês Daniel Whiteby (1636-1726), que a chamou de "nova hipótese". Não é possível conciliar com o ensino da Escritura o pensamento de conversão da humanidade toda. Quando Jesus vier, exercerá seu juízo contra os incrédulos vivos, antes de julgar os mortos (Ap 20). Nas próprias palavras do Senhor, encontramos: "Quando porém vier o Filho do homem, porventura achará fé na terra?" (Lc 18.8b). O caminho da vida é estreito, poucos acertam com ele, a maioria irá pelo caminho largo até o fim.

O fermento é o erro, a falsidade da doutrina introduzida no Cristianismo. A mulher, a igreja visível, por falta de vigilância adotou o erro das doutrinas falsas, costumes ou programas contrários à Palavra de Deus, numa intensidade que o Cristianismo, como organização, ficou todo estragado.

As três medidas podem lembrar os três filhos de Noé, de quem descende toda a humanidade. O fermento alcançou todos os povos da Ásia, da Europa e da África. Podem ser também as três doutrinas: a fé, a esperança e o amor (1 Co 13.13), atingidas pela falsificação.

A chamada maioria cristã não tem fé, porque não está firmada na redenção de Jesus. Não tendo certeza de salvação, vive sem esperança e, nesta condição, não participa do amor de Deus.

Um exemplo bem patente é a Igreja Católica Romana. Introduziu doutrinas contrárias ao Evangelho, a mediação dos anjos, o purgatório, as boas obras para alcançar a graça de Deus e outras. Hoje é uma organização sem a mensagem do Evangelho e separada de Jesus Cristo.

Outro triste exemplo é o dos protestantes nos países onde contam maioria. Uns grupos adotam uma teologia modernista ou teologia racional, que nega a infalibilidade da Bíblia, a divindade de Jesus Cristo, o poder da morte de Jesus para a regeneração do pecador e outras doutrinas fundamentais. Outros, dando ênfase ao "exemplo de Jesus", se esforçam somente na prática da beneficência, levantando fundos para ajudar os necessitados. Neste esforço omitem propositadamente a mensagem do novo nascimento pela fé em Jesus. Não falam, nem dão valor à necessidade de salvação e do perigo da perdição eterna.

Cumpre-se o que diz a parábola: "Está tudo levedado".

Estamos no cenário da Igreja de Laodiceia, Jesus diz a esta massa levedada: "Vomitar-te-ei da minha boca" (Ap 3.16b). A mensagem

Símbolos Gerais II

do Salvador, em seguida, se dirige ao indivíduo, porque cada um dará conta de si mesmos a Deus.

Em Laodiceia o mesmo Jesus continua: "Eis que estou à porta, e bato: se alguém ouvir a minha voz, e abrir a porta, entrarei em sua casa, e com ele cearei e ele comigo" (Ap 3.20). A minoria que abre a porta do coração forma a Igreja de Jesus Cristo. É o pequeno rebanho (Lc 12.32). São os poucos que acertam com o caminho estreito (Mt 7.13).

Em cada país do mundo Jesus Cristo tem os dEle, porém sempre minoria, porque a massa do chamado Cristianismo foi levedada pela semente do erro.

Outra aplicação da palavra fermento é devocional, vem em conselhos sobre a santificação. Aos coríntios, Paulo aconselha: "Alimpai-vos pois do fermento velho, para que sejais uma nova massa... Pelo que façamos festa, não com o fermento velho, nem com o fermento da maldade e da malícia, mas com os asmos da sinceridade e da verdade" (1 Co 5.7a,8).

Capítulo 3

Tipos Humanos de Jesus Cristo

"Os quais servem de exemplar e sombra das coisas celestiais" (Hb 8.5a).

Adão

Adão, como o primeiro homem na história da humanidade, "é a figura daquele que havia de vir" (Rm 5.14c).

Cristo é o primeiro da nova criação. Pela ofensa de um morreram muitos, muito mais a graça, o dom abundou por um só homem, Jesus Cristo (Rm 5.15).

Adão foi feito alma vivente (Gn 2.7). Jesus Cristo é chamado "o último Adão em espírito vivificante" (1 Co 15.45b). Como espírito vivificante, Ele tem poder de dar a vida pelas ovelhas (Jo 10.11).

Pela desobediência de Adão muitos foram feitos pecadores; pela obediência de um, que é Jesus Cristo, muitos serão feitos justos (Rm 5.19).

O pecado de Adão impediu o caminho do paraíso, porque um querubim foi posto ali com uma espada inflamada. O Senhor Jesus abriu um caminho novo e vivo para o Santuário de Deus (Hb 10.20). Ele é o caminho para o céu.

Abel (Gn 4.1–11)

Quando nasceu Caim, Eva teve uma expressão de alegria que é traduzida assim em nossas Bíblias: "Adquiri um varão com o auxílio de Jeová". Na Lei de Moisés, traduzida pelo rabino Masliah Melamed, também vem nessas palavras.

No texto hebraico, a partícula "ête" está unida à palavra "Jeová". Segundo os hebraistas que conhecemos, esta partícula, que não tem tradução em português, aponta o objeto direto, de que não pode ser separada. Sendo assim, a expressão de Eva foi: "Adquiri um varão, Jeová". Pensava ela que Caim era Jeová, o varão prometido como a "semente da mulher" (Gn 3.15), que esmagaria a cabeça da serpente. De qualquer modo, Eva teve uma grande emoção de alegria com a chegada de Caim. Depois teve Abel e o chamou pelo nome de "Vaidade", coisa sem muita importância. Como se dissesse: Já tenho Caim, vem mais este, para quê?

1. Abel foi chamado vaidade — Jesus era desprezado e o mais indigno entre os homens (Is 53.3).
2. Abel foi pastor de ovelhas — Jesus é o Bom Pastor (Jo 10.11).
3. Abel ofereceu maior sacrifício — Jesus ofereceu seu próprio sangue, num maior e mais perfeito Tabernáculo (Hb 9.11,12).
4. Abel foi invejado. Caim ficou irado contra Abel porque Deus aceitou a oferta dele e não a sua (Gn 4.4-6) — Jesus foi entregue a Pilatos por inveja (Mt 27.18).
5. Abel foi morto inocente — Jesus foi morto sem ter culpa.
6. Abel foi chamado justo (Mt 23.35) e — Jesus foi chamado justo (At 3.14,15).
7. O sangue de Abel fala (Gn 4.10) — O sangue de Jesus fala (Hb 12.24).

Melquisedeque (Gn 14.18-20; Sl 110.4; Hb 5.6-10; 7.1-17)

Abraão reconheceu que Melquisedeque era sacerdote de Deus. Deu-lhe o dízimo e foi abençoado por ele.

Abraão, sendo o pai do povo judeu, foi abençoado por aquele a cuja ordem Jesus pertence.

Tipos Humanos de Jesus Cristo

A exposição de Hebreus 7 é para provar que Jesus Cristo é superior ao sumo sacerdote Arão, tanto que antes de Arão, aparece aquele tipo de Jesus.

É mencionado Melquisedeque, sem pai, sem mãe, sem genealogia. Os judeus davam grande valor à genealogia. Só podia exercer um cargo importante, sendo conhecida a origem familiar. Quando voltaram do cativeiro, no tempo de Esdras e Neemias, alguns que não provaram o registro das genealogias foram rejeitados, considerados imundos e proibidos de comerem das coisas sagradas (Ed 2.62,63; Ne 7.64,65).

Cremos que Melquisedeque era homem descendente de Adão e Noé; sua genealogia era desconhecida, e Deus não quer que o identifiquemos. Pela mentalidade dos judeus, não devia ser o sacerdote de Deus. Mas ele foi aceito como tal por Abraão, e da sua ordem vem Jesus.

Ele era rei de Salém e rei de paz. *Salém* quer dizer paz e é o nome de Jerusalém; Jesus Cristo, depois de destruir o reino do Anticristo, reinará em Jerusalém como Rei de paz.

Isaque

1 Isaque foi filho da promessa (Gl 4.23 e 28), e filho único. Jesus foi o unigênito (Jo 1.14) e foi prometido como "semente da mulher" (Gn 3.15) e como Emanuel, Deus conosco (Is 7.14).
2. O nascimento de Isaque foi sobrenatural. Os pais não estavam mais em condições de ter filhos (Rm 4.19). O nascimento de Jesus foi sobrenatural.
3. Isaque foi oferecido em sacrifício e obediente em tudo (Gn 22). Jesus foi obediente em tudo até a morte e morte de cruz (Fp 2.8).
4. No casamento de Isaque, Abraão resolveu providenciar, e o servo Eliezer foi buscar e trouxe a noiva (Gn 24.1-67).

No casamento de Jesus Cristo com a Igreja (Ap 19.7-9; Ef 5.22-32), o Pai resolveu com o seu amor ao mundo, e o Espírito Santo veio habitar conosco para convencer, ensinar e santificar a Igreja que é a noiva, para a realização das bodas (Ap 21.1-3).

José (Gn 37–50)

1. Amado pelo pai (Gn 37.3) — Jesus (Mt 3.17).
2. Odiado pelos irmãos (v. 4) — Jesus (Jo 15.24).
3. Enviado pelo pai (vv. 13-24) — Jesus (1 Jo 4.14).
4. Vendido (v. 28) — Jesus (Mt 26.14,15).
5. Tentado e venceu (Gn 39) — Jesus (Mt 4.1-11).
6. Preso entre dois criminosos, um salvo, outro condenado (Gn 40) — Jesus (Lc 23.32,33).
7. Levantado e exaltado (Gn 41.14,43,44) — Jesus (Mt 28.18).
8. Com trinta anos começou o ministério (Gn 41.46) — Jesus (Lc 3.23).
9. A noiva não hebreia (Gn 4 1.45) — Jesus (Ef 5.25,27).
10. A tribulação obrigou os irmãos a procurá-lo (Gn 42) — Jesus (Mt 24.21; Zc 12.10; Is 26.16).
11. Por ele vieram reconciliação e bênção para os irmãos (Gn 45 e 46) — Jesus (Is 11,12 e 35)
12. Todos os povos abençoados por causa dele (Gn 41.57) — Jesus (Is 2.2 a 4; 11.10).

Benjamim (Gn 35.16-19)

Quando Jacó chegou perto de Efrata, que é a mesma Belém, cumpriu-se o tempo para o nascimento de seu último filho.

Raquel, a esposa amada, teve um parto difícil e como resultado morreu logo em seguida. Pouco antes de morrer, sabendo que o filho estava bem, deu-lhe o nome de Benoni, *filho de minha dor*. Jacó não concordou com este nome e chamou-o Benjamin, *filho da minha direita*.

Jesus Cristo nasceu em Belém, como estava profetizado por Miqueias (Mt 2.1,5,6). Pode ser chamado "filho da minha dor". Simão disse à Virgem Maria que uma espada transpassaria sua própria alma (Lc 2.34,35). Também para o Pai, contemplá-lo pregado na cruz, levando os pecados do mundo, é tê-lo como filho da dor.

Ao mesmo tempo Jesus é como Benjamim, filho da direita, porque "está à direita de Deus intercedendo por nós" (Rm 8.34).

Moisés

É o personagem referido em maior número de livros da Bíblia. Seu nome aparece em trinta e um dos livros do volume sagrado e em 847 vezes. O historiador Cesar Cantu disse dele: "Moisés, o maior homem que a humanidade conheceu".

É chamado: *servo do Senhor* (Êx 14.31); *fiel em toda a sua casa* (Nm 12.7 e Hb 3.5); *homem de Deus* (Dt 33.1); *profeta que não teve igual* (Dt 34.10,11); *o escolhido de Deus* (Sl 106.23) e outros títulos.

Como tipo de Cristo apresenta muitos pontos:

1. Ameaçado de morte e preservado por Deus (Êx 2.2-10; Hb 11.23). Jesus também (Mt 2.13-15).
2. Dominou a água do mar (Êx 14.2 1) — Jesus (Mt 8.26).
3. Alimentou uma multidão (Êx 16.15,16; Jo 6.31) — Jesus (Jo 6.11,12).
4. Teve seu rosto iluminado (Êx 34.35) — Jesus (Mt 17.1-5).
5. Os irmãos estiveram contra ele (Nm 12.1) — Jesus (Jo 7.5).
6. Intercedeu pelo povo (Êx 32.32) — Jesus (Jo 17.9).
7. Escolheu 70 auxiliares (Nm 11.16) — Jesus (Lc 10.1).
8. Esteve a sós com Deus 40 dias em jejum (Êx 24.18) — Jesus (Mt 4.2).
9. Andava com 12 tribos — Jesus com doze apóstolos.
10. Apareceu depois da morte (Mt 17.3) — Jesus (At 1.3).

Boaz (Rt 2–4)

Os israelitas em sua terra não vendiam a herança. Quando alguém precisava de dinheiro, realizava uma venda provisória, espécie de hipoteca e penhor. Recebia o dinheiro, e sua parte de terra ficava para uso de quem fez o negócio, mas só até o ano do jubileu, quando voltava para o primeiro dono. Elimeleque, quando foi para Moabe, fez este negócio, porém morreu lá e os filhos também morreram. Um deles fora casado com Rute, no entanto não deixou filho. Para a terra retornar à família, era necessário que alguém passasse ao credor o valor da terra que ele recebeu de Elimeleque. Além disso, precisava casar com Rute e o primeiro filho deste casamento seria o herdeiro. O parente mais próximo do falecido e que fosse solteiro era o que poderia fazer isto. Na história do livro de Rute, havia outro mais próximo do que Boaz. Aquele que devia ser o remidor disse que não podia (Rt 3.12; 4.4-6), por isso Boaz realizou o ato que se chamava redimir, e casou com Rute. Tornou-se tipo de Jesus por que:

1. Era varão valente e poderoso (Rt 2.1) — Jesus (Mt 28.18).
2. Era natural de Belém (Rt 2.4) — Jesus nasceu em Belém (Mt 2.1).
3. Era da tribo de Judá, a tribo do Rei (Mt 1.3-5) — Jesus é o leão da tribo de Judá (Ap 5.5).
4. Teve compaixão de uma moça pobre que precisava de auxílio (Rt 2.8-15). Jesus teve compaixão dos que formam a sua Igreja.
5. Boaz se tornou o remidor e tomou a Rute como esposa (Rt 4.13) — Jesus foi e é o remidor da Igreja fazendo-a sua esposa.

Outro estava em primeiro lugar, porém não pôde ser o remidor. Pôde representar a Lei que veio antes de Cristo, contudo não pôde redimir.

Davi

Quando Samuel convocou a reunião dos filhos de Jessé para ungir um rei escolhido por Deus, Jessé não se lembrou de Davi. Esqueceu-se dele ou pensou que não era necessária a sua presença (1 Sm 16.10,11). É semelhante a Jesus.

1. Davi era considerado sem importância para ocasiões especiais. Jesus Cristo foi desprezado pelos homens que não fizeram dele caso algum (Is 53.2 e 3).
2. Davi foi ungido por ordem de Deus (1 Sm 16.1,12,13). Jesus foi o Cristo, o Ungido de Deus (Lc 4.18; At 4.27; Hb 1.9).
3. Davi enfrentou o gigante Golias, que desafiou o povo de Deus. Tomou Davi cinco pedras e usando uma só venceu o gigante (1 Sm 17.40,49,51). Jesus enfrentou o gigante Satanás, tendo à sua disposição cinco livros do Pentateuco, mas usou só um (o de Deuteronômio) e o Diabo o deixou (Mt 4.1-11).
4. Davi era pastor de ovelhas (1 Sm 16.11). Jesus é o Bom Pastor (Jo 10.14) e o Sumo Pastor (1 Pe 5.4).

Tipos Humanos de Jesus Cristo

Uma particularidade digna de atenção é como Davi se identificou bem com o ofício de pastor de ovelhas. Sentia-se responsável pela proteção das ovelhas, enfrentando um leão e um urso. Em tudo isto ele reconhecia a dependência de Deus. Dizia: "O Senhor me livrou da mão do leão, e da do urso..." (1 Sm 17.37a). Não confiava em sua força, mas em Deus.

Pensando no castigo do povo por causa de um erro seu, considera-se pastor diante das ovelhas e pergunta a Deus: "...estas ovelhas que fizeram?..." (2 Sm 24.17c).

Há uma referência profética bem tocante, falando de Davi como pastor. "E levantarei sobre elas um só pastor... o meu servo Davi é que as há de apascentar; ele lhes servirá de pastor" (Ez 34.23).

A solicitude de Davi pelo rebanho aparece como um exemplo de dedicação às ovelhas e ao pai. Não pensa em seu conforto, porém no bem-estar e na proteção das ovelhas. Por isso teve inspiração para aplicar a ilustração do pastor à proteção e dependência de Deus nas palavras do Salmo 23.

Jonas

Os escribas e fariseus pediram a Jesus um sinal, e Jesus respondeu que não lhes seria dado outro senão o do profeta Jonas (Mt 12.38-41).

Há quem diga que a narrativa de Jonas é lenda porque há ali dois pontos inacreditáveis. Jonas ter sido engolido, passando três dias vivo, e uma geração toda mudar de religião com a pregação de um estrangeiro.

O Espírito Santo já sabia que haveriam de negar estes dois fatos e inspirou os evangelistas a escreverem esta declaração do próprio filho de Deus.

Jesus afirmou que "...como Jonas esteve três dias e três noites no ventre do peixe, assim estará o Filho do homem três dias e três noites no seio da terra. Os ninivitas ressurgirão no juízo com esta geração, e a condenarão, porque se arrependeram com a pregação de Jonas..." (Mt 12.40,41b).

Jonas já era profeta em Israel no tempo do rei Jeroboão II (2 Rs 14.25). Desobedeceu quando Deus o enviou a Nínive, não queria que aquele povo inimigo de Israel fosse perdoado. Foi castigado pela desobediência, mas Deus lhe deu uma segunda oportunidade. Ele foi, pregou e toda aquela geração se converteu.

1. Jonas é tipo de Jesus, porque foi enviado a um povo condenado por Deus. Jesus foi enviado a um mundo condenado.
2. Os que se arrependeram com a pregação de Jonas foram perdoados. Os que se arrependem com a mensagem de Jesus são perdoados.
3. Jonas esteve três dias e três noites no ventre do peixe. Jesus esteve três dias e três noites na sepultura.
4. Jonas saiu vivo para continuar seu ministério. Jesus saiu ressuscitado para continuar sua obra.

Jonas também é tipo do povo de Israel, escondido entre as nações durante quase 2.000 anos, para aparecer num futuro glorioso. O peixe não pôde digerir Jonas. As nações não destruíram Israel.

Tipos que Vão além da Pessoa de Jesus

Eva — a Igreja.
Caim — os que confiam nas suas obras.
Abel — os que confiam no sangue.
Enoque — os santos trasladados.
Moisés — os santos ressuscitados.
Noé — "os restantes" que habitarão a nova terra.
Abraão — os crentes que andam pela fé.
Ló — os crentes que andam pela vista.
Ismael — a semente carnal.
Isaque — a semente espiritual.
Esaú — a velha natureza.
Jacó — a nova natureza.

No Casamento de Isaque

Abraão — Deus, o Pai.
Sara — Israel.
Isaque — Jesus Cristo.
Rebeca — A Igreja.
Eliezer — O Espírito Santo.
Quetura — Israel restaurado.

Capítulo 4

Tipos não Humanos de Jesus

"Aos quais... se apresentou vivo, com muitas e infalíveis provas, sendo visto por eles por espaço de quarenta dias, falando do que respeita ao reino de Deus" (At 1.3).

A Luz (Gn 1.3-5)

Quando as trevas cobriam a face do abismo, tudo era caos. Deus disse: "Haja luz. E houve luz". Foi o começo da obra da criação, no sentido de preparar o ambiente para a criatura. A vinda de Jesus ao mundo foi de modo idêntico. O profeta Isaías teve uma visão, que expressou em forma de narrativa: "O povo que andava em trevas, viu uma grande luz" (Is 9.2a). Cumpriu-se esta profecia em Capernaum, quando Jesus começou a pregar. O evangelista diz: "Para que se cumprisse o que foi dito pelo profeta Isaías". E em seguida transcreve as palavras do profeta (Mt 4.12-16).

Estando o mundo em trevas, Deus enviou o seu Filho, que é a luz do mundo (Jo 9.5; 12.35,46).

Luz simboliza prosperidade (Is 58.8; Et 8.16) e alegria (Sl 97.11).

A luz é chamada para a conversão. Paulo viu "...uma luz mais forte que o sol" (At 26.13a).

A luz é a comunhão com Deus: "...vos chamou das trevas para a sua maravilhosa luz" (1 Pe 2.9b).
A luz é o conforto e a segurança do crente. "O Senhor é a minha luz e a minha salvação, a quem temerei?..." (Sl 27.1a).
Agora somos filhos da luz (Jo 12.36) "...no Senhor" (Ef 5.8a).

A Arca de Noé (Gn 6,7 e 8)

"Então disse Deus a Noé: O fim de toda a carne é vindo perante a minha face... Faze para ti uma arca de madeira de Gofer... e entrarás na arca tu e os teus filhos, e a tua mulher, e as mulheres de teus filhos..." (Gn 6.13a,14a,18b).

A ruína da humanidade veio pelo pecado, mas Deus preparou um remédio. Quem entrasse na arca escaparia do castigo, quem não entrasse morreria afogado pelo dilúvio.

A arca era o único meio para escapar do castigo. Neste sentido é tipo de Jesus Cristo, único meio de salvação da perdição eterna. O amor de Deus se manifesta, dando oportunidade para o perdão. Pedro apresenta a arca como figura de salvação por Jesus "...quando a longanimidade de Deus esperava nos dias de Noé, enquanto se preparava a arca... Que também, como uma verdadeira figura, agora vos salva, batismo, não do despojamento da imundícia da carne, mas da indagação de uma boa consciência para com Deus, pela ressurreição de Jesus Cristo" (1 Pe 3.20a,21).

A porta é Jesus. Quem entrar por Ele estará salvo. Quem não entrar, estará perdido. Acerca de sua vinda, Jesus disse: "E, como aconteceu nos dias de Noé, assim será também nos dias do Filho do homem" (Lc 17.26). Os homens vivem descuidados, buscando só as coisas materiais; virá o juízo de Deus sobre eles.

O Carneiro (Gn 22.13)

Deus resolveu submeter Abraão a uma prova e mandou que ele oferecesse seu filho Isaque em holocausto. A finalidade era ensinar ao seu servo Abraão lições que, de outro modo, ele não poderia receber. Além disso era para nos dar o exemplo de fé e obediência na pessoa do velho patriarca. Abraão não hesitou, obedeceu em tudo a ordem de Deus. Levou o filho ao lugar indicado, amarrou-o, pôs em ordem a lenha e tomou o cutelo para imolá-lo. Mas o

Tipos não Humanos de Jesus

anjo bradou desde os céus: "...Não estendas a tua mão sobre o moço..." (Gn 22.12a). Olhando para trás, viu Abraão um carneiro, que foi sacrificado em lugar de Isaque, do mesmo modo como Jesus foi crucificado por nós. Na apresentação de João Batista aos seus ouvintes, Jesus é chamado: "...o Cordeiro de Deus, que tira o pecado do mundo" (Jo 1.29b).

O ato de Abraão foi aceito por Deus como coisa consumada, porque diz: "Pela fé ofereceu Abraão a Isaque, quando foi provado... considerou que Deus era poderoso para até dos mortos o ressuscitar. E daí também em figura ele o recobrou" (Hb 11.17-19).

Quando iam caminhando, Isaque perguntou: "...onde está o cordeiro para o holocausto?" (Gn 22.7c). Abraão respondeu: "Deus proverá..." (v. 8a). Depois que Deus mostrou o carneiro, que foi imolado, Abraão pôde compreender ainda melhor, que Deus proverá sempre todas as coisas.

Aquela cena do sacrifício de Isaque foi no monte Moriá (Gn 22.2). Naquele terreno ficava a eira de Ornã ou Araúna, comprada por Davi (2 Sm 24.18-25), onde Salomão construiu o Templo, em Jerusalém (2 Cr 3.1). Em Jerusalém, Jesus foi condenado à morte de cruz para que nós pudéssemos ser salvos.

A pergunta de Isaque: "Onde está o cordeiro para o holocausto?" (Gn 22.7c) foi respondida de um modo completo por João Batista: "Eis o Cordeiro de Deus, que tira o pecado do mundo" (Jo 1.29b,36c).

A Escada de Jacó (Gn 28.10-17)

Jacó ia fugindo da casa do pai, porque, pela sua desonestidade, criara um ambiente de ameaça, provocando a ira do irmão. Apesar de tudo, Deus buscava a Jacó para o abençoar. Quando o Senhor Deus disse a Moisés: "Eu sou o Deus de Abraão, Deus de Isaque e Deus de Jacó..." (Êx 3.6a), trouxe um consolo para os que já andaram em caminhos distantes da vontade de Deus.

Abraão foi o adulto, amadurecido, que ouviu o chamado de Deus para uma mudança de lugar e de companhia, e ele prontamente obedeceu pela fé. O pecador fraco diz: eu não tenho sido obediente e fiel como Abraão. Deus é Deus de Abraão, não sei se é meu.

Isaque é exemplo de uma vida inteira de fidelidade a Deus. Na infância e mocidade obediente ao pai, a ponto de ir para o sacrifício. Nos problemas de família, recorrendo a Deus (Gn 25.21).

Na vida social tinha prejuízo para não questionar. Se os vizinhos tomavam seu poço, cavava outro e assim por diante (Gn 26.19-22). E na velhice adiantada mantinha toda a fé em Deus para pronunciar a bênção dos filhos segundo a vontade do Senhor. "Pela fé Isaque abençoou Jacó e Esaú, no tocante às coisas futuras" (Hb 11.20).

A pessoa duvidosa diz: "Eu não sou perseverante, nem manso, nem obediente como Isaque".

Mas Jacó, foi ambicioso nas coisas materiais, enganou o pai e o irmão, mentiu para conseguir riquezas. Sua fuga era consequência de seus erros. Deus é o Deus de Jacó, pode ser o Deus de todo aquele que tem errado até hoje, mas quer mudar de vida. Jacó falou assim quando teve a visão: "...Na verdade o Senhor está neste lugar; e eu não sabia" (Gn 28.16b). E fez um voto: "O Senhor será o meu Deus" (Gn 28.21b).

"...uma escada era posta na terra, cujo topo tocava nos céus: e eis que os anjos de Deus subiam e desciam por ela... E eis que o Senhor estava em cima dela, e disse: ...eis que estou contigo e te guardarei..." (vv. 12-15).

Os anjos primeiro subiam, depois é que desciam pela escada (v. 12).

A escada é tipo de Jesus Cristo porque há as seguintes relações de semelhança: pela visão da escada Deus falava com o pecador fazendo-lhe promessas de bênçãos. Por Jesus Cristo, Deus fala nestes últimos dias (Hb 1.1) aos pecadores, dando-lhes oportunidades de encontrarem o perdão dos pecados, a paz com Deus, a felicidade eterna.

Nas palavras ditas a Natanael, Jesus prometeu: "...daqui em diante vereis o céu aberto, e os anjos de Deus subirem e descerem sobre o Filho do homem" (Jo 1.51).

Exatamente como na escada de Jacó, por onde os anjos subiam e desciam, também os anjos sobem primeiro, depois descem. Anjo tem o sentido de mensageiro ou enviado. A aplicação pode ser feita às nossas orações; são enviadas daqui da terra para Deus por Jesus, e as respostas de Deus vêm por Ele também. "E tudo quanto pedirdes em meu nome eu o farei..." (Jo 14.13).

O Cordeiro Pascoal (Êx 12.3-14)

A Palavra de Deus a Moisés trouxe esta ordem: "Este mesmo mês vos será o princípio dos meses; este vos será o primeiro dos meses..."

(Êx 12.2). O calendário comum continua o seu curso. Mas quem se identifica com Deus começa uma nova contagem de tempo. Por isso Jesus disse a Nicodemos: "Necessário vos é nascer de novo" (Jo 3.7b). Nesta nova contagem de vida, cada um devia tomar um cordeiro para sua casa (v. 3).

O sangue do cordeiro era posto nas umbreiras e vergas de cada casa. À meia-noite viria o castigo pela morte dos primogênitos de cada família (vv. 12,13 e 29). Onde houvesse o sangue na porta, o primogênito permaneceria vivo. O sangue era sinal de obediência a Deus e de que um substituto morreu em lugar do primogênito. O sangue de Jesus é um refúgio para quem obedece ao Evangelho.

A carne do cordeiro era assada no fogo (12.8). O Salvador para realizar a sua missão teve de ser tentado, perseguido e maltratado pelos homens. Era comido o cordeiro com pães asmos (sinceridade) — (1 Co 5.8); e ervas amargas (12.8), arrependimento. Tinham de estar com os trajes completos, prontos para viajar (12.11). O crente tem de estar pronto, esperando a hora de partir para a eternidade. Isto se expressa pela palavra "Vigiai" (Mc 13.37b).

João mostra Jesus como antítipo da Páscoa, aplicando a frase: "Nenhum osso será quebrado" (Êx 12.46b; Jo 19.36b). "...Porque Cristo, nossa páscoa..." (1 Co 5.7b).

A Coluna de Fogo (Êx 13.21)

"E o Senhor ia adiante deles, de dia numa coluna de nuvem, para os guiar pelo caminho, e de noite numa coluna de fogo, para os alumiar, para que caminhassem de dia e de noite".

Esta coluna representa Jesus Cristo como pastor que vai adiante de suas ovelhas (Jo 10.4) para levá-las aos pastos verdes da abundância e às águas tranquilas da paz verdadeira.

A influência do Senhor Jesus é mencionada pelo Salmista deste modo: "O sol não te molestará de dia nem a lua de noite" (Sl 121.6).

Enfrentando o calor no deserto, os israelitas, guiados por Deus, recebiam a proteção da nuvem, porque o Senhor é sombra contra o calor e refúgio contra a tempestade e a chuva (Is 4.6).

Feliz o crente que se abriga à sombra do Onipotente (Sl 91.1), não temerá os males, nem os problemas imaginários.

O fogo pode ser a proteção contra os inimigos, porque Deus é um fogo consumidor (Dt 4.24). O zelo de Deus se manifestava naquela coluna, impedindo que seu povo fosse atacado. Os egípcios marchavam contra Israel, por isso a coluna de fogo da proteção, durante a noite, estava atrás dos israelitas, separando-os dos egípcios. Enquanto servia para alumiar o povo de Deus, formava escuridão para os inimigos, de modo que não puderam chegar um ao outro (Êx 14.19,20). A proteção de Deus sobre os que lhe pertencem continua ilustrada por esta mesma figura. "...uma nuvem de dia, e um fumo, e um resplendor de fogo chamejante de noite..." (Is 4.5b). Se a noite da fraqueza, da dúvida ou da angústia nos alcança, Ele é o fogo, é a luz. Se o calor das responsabilidades e a correria das obrigações querem nos vencer, Ele é a sombra, o repouso. Abrigado "...no esconderijo do Altíssimo ...Não temerás espanto noturno, nem seta que voe de dia" (Sl 91.1a,5).

O fogo é a justiça divina. Para impedir que o homem pecador entrasse no Éden, Deus colocou à entrada, um querubim com uma espada de fogo (Gn 3.24).

A Palavra do Senhor é como o fogo (Jr 23.29). Corrige nossos erros, esclarece nosso caminho, afugenta as tentações. A coluna de fogo à frente do povo de Deus é a presença de Jesus e de sua palavra. Ensino, vitória, paz e abundância.

A Rocha de Horebe (Êx 17.6)

Na viagem do crente para a eternidade é preciso que venham as várias provações e tentações, para fortalecimento da fé (ver Tg 1.1,2; 1 Pe 1.6,7). Enquanto estivermos nesta carne mortal, enfrentaremos a correção de Deus.

O povo de Israel, diante da vitória de Deus sobre os inimigos, cantou louvores ao Senhor (Êx 15.1-21). Três dias depois faltou água e eles se esqueceram das obras de Deus e murmuravam contra Moisés (Êx 15.22-25). Deus mandou colocar um lenho nas águas amargas e elas ficaram doces.

Pouco adiante chegam a Refidim e novamente falta água. Imagine-se a aflição das famílias com crianças e animais, num deserto sem encontrar água. O povo contendeu com Moisés exigindo dele água e perguntando: "...Por que nos fizeste subir ao Egito?..." (Êx 17.3b). Moisés renunciou às vantagens do trono do Egito para sofrer com o

Tipos não Humanos de Jesus

povo. Foram tirados do Egito os israelitas porque clamaram ao Senhor, não suportando o cativeiro, os açoites e o trabalho. Moisés foi o instrumento de Deus, o guia, o intermediário nas bênçãos e instruções vindas do Senhor.

Os filhos de Israel eram tão incrédulos que murmuravam contra Deus e tão ingratos que acusavam a Moisés.

Moisés clamou a Deus. Estava identificado com a direção de cima e entregava o problema a quem podia resolver.

"Então disse o Senhor a Moisés:...toma contigo alguns dos anciãos de Israel: e toma na tua mão a tua vara, com que feriste o rio: vai. Eis que eu estarei ali diante de ti sobre a rocha, em Horebe, e tu ferirás a rocha, e dela sairão águas, e o povo beberá..." (Êx 17.5,6a).

A rocha é o tipo de Jesus Cristo, que foi ferido pelo juízo de Deus para nos dar a água da vida: "Mas aquele que beber da água que eu lhe der nunca terá sede..." (Jo 4.14a). Moisés executou a ordem de Deus e água saiu da rocha ferida. "E beberam todos de uma mesma bebida espiritual, porque bebiam da pedra espiritual que os seguia; e a pedra era Cristo" (1 Co 10.4).

Continuou a viagem pelo deserto. Os israelitas, depois de mais de vinte paradas, chegaram a Cades (Nm 33.15-38). Novamente faltou água e o povo, esquecido da providência de Deus, acusa Moisés e Arão. Estes não podem resolver por si mesmos, e se prostraram diante do Senhor, buscando a solução (Nm 20.1-6).

Outra vez é a rocha que vai dar de beber aos sedentos, mas a ordem de Deus é diferente: "...e falai à rocha... e dará a sua água..." (Nm 20.8a).

Em Horebe a pedra foi ferida para fazer o povo beber, como Jesus Cristo foi ferido por nós. Merece atenção *a vara* que Moisés empunhava, por ordem de Deus: "Toma a vara, e ajunta a congregação tu e Aarão, teu irmão, e falai à rocha..." (Nm 20.8a). A vara era a autoridade. Com ela Moisés feriu o rio no Egito e a água se transformou em sangue. Com ela Moisés feriu a rocha em Horebe e jorrou a água. Mas a vara já tinha feito sua obra. Agora não devia ser usada.

Jesus Cristo só podia ser ferido uma vez. "Porque também Cristo padeceu uma vez pelos pecados, o justo pelos injustos, para levar-nos a Deus..." (1 Pe 3.18a).

Para receber a água da vida, a salvação perfeita, só é preciso falar ao Filho de Deus.

Moisés, aborrecido com a murmuração do povo, feriu a rocha duas vezes (Nm 20.11), quando Deus mandou falar. Em Horebe era Preciso ferir, agora em Cades era só falar.

Moisés, o homem mais manso da terra (Nm 12.3), se irritou. Às vezes o homem, impetuoso, neurastênico, se acovarda diante da tentação, aqui o mais manso perdeu a calma. Ninguém pode confiar em seu temperamento.

Com este ato Moisés destruiu o tipo de Jesus, que só podia padecer uma vez. O castigo de Moisés foi a proibição de entrar na terra de Canaã (Nm 20.12 e Dt 32.51,52). "...sucedeu mal a Moisés por causa deles; Porque irritaram o seu espírito" (Sl 106.32b,33a).

A Serpente de Metal (Nm 21.4-9)

O lugar onde estavam os israelitas no deserto, devia ser perto do golfo de Akaba, onde ainda hoje há serpentes e escorpiões, que atacam quem passa por lá. Naquele tempo, como castigo da murmuração, Deus mesmo mandou serpentes em maior quantidade. Quando murmuravam, vieram serpentes atormentar e matar muita gente.

Quando confessaram o pecado, Moisés orou por eles e Deus mandou o livramento, o remédio (vv. 7-9).

Sempre que o pecador confessa o seu pecado, recebe a graça de Deus. "Se confessarmos os nossos pecados, ele é fiel e justo, para nos perdoar..." (1 Jo 1.9a).

Quando o filho pródigo disse: "Pai, pequei contra o céu e perante ti..." (Lc 15.21a), foi recebido com festa pelo pai. O publicano da parábola não tinha relatório bom para apresentar a Deus, só disse: "...Ó Deus, tem misericórdia de mim, pecador" (Lc 18.13b). Voltou para casa justificado. O malfeitor, que morreu ao lado de Jesus, reconheceu que pelos seus feitos só merecia o castigo da cruz. Depois de fazer esta confissão, apelou para Jesus, dizendo: "Senhor, lembra-te de mim, quando entrares no teu reino" (Lc 23.42b). Ouviu a resposta: "...hoje estarás comigo no paraíso" (v. 43b).

No momento em que o povo de Israel disse: "...Havemos pecado... contra o Senhor e contra ti..." (v. 7a), veio a providência de Deus; Moisés recebeu ordem de Deus para fazer uma serpente de metal, e colocá-la numa haste. Quem olhasse para a serpente ficaria curado, seria livre do veneno fatal.

Tipos não Humanos de Jesus

Colocada num mastro elevado, poderia ser vista de qualquer parte do acampamento. Seria livre da morte quem olhasse, em obediência ao Senhor que tinha poder para curar.

Na palestra com Nicodemos, Jesus declarou: "E, como Moisés levantou a serpente no deserto, assim importa que o Filho do homem seja levantado; Para que todo aquele que nele crê não pereça, mas tenha a vida eterna" (Jo 3.14,15).

A humanidade foi atingida pela serpente que tentou Adão e Eva (Gn 3.1 a 15), que é o mesmo Satanás (Ap 12.9) e está condenada à morte eterna. Só olhando para Jesus pela fé recebe a vida.

Aquele que foi levantado na cruz, fazendo-se pecado por nós, é o único meio de salvação, o único caminho para o céu, o único remédio para os males do pecado e da condenação.

"Olhai para mim, e sereis salvos, vós, todos os termos da terra; porque eu sou Deus, e não há outro" (Is 45.22).

"Olhando para Jesus, autor e consumador da fé..." (Hb 12.2a).

No tempo dos reis, Ezequias, fazendo reformas religiosas e corrigindo os costumes, mandou destruir aquela serpente de metal, porque o povo estava prestando culto a ela (2 Reis 18.4). Não tinha valor espiritual, foi só sinal para uma época, um tipo do Filho de Deus crucificado.

A Estrela (Nm 24.17)

"Uma estrela procederá de Jacó, e um cetro subirá de Israel".

É verdade que este pensamento foi pronunciado por Balaão, elemento classificado como profeta mau, rejeitado por Deus (ver Nm 31.8; 2 Pe 2.15). O rei dos moabitas chamou Balaão para amaldiçoar o povo de Israel, mas Deus trocou em bênção a maldição (Dt 23.4 e 5), de modo que as palavras dele são verdadeiras profecias de bênçãos, confirmadas por outras passagens das Escrituras.

Jesus Cristo é esta estrela que procede de Jacó. O versículo citado aqui é em estilo poético. Apresenta um caso muito comum na poesia hebraica, o paralelismo, que consiste em repetição do pensamento em diferentes palavras. "Uma estrela procederá de Jacó" é a mesma ideia de "um cetro subirá de Israel". Estrela, ou cetro na linguagem oriental, significa emblema de rei, de governo, de autoridade. Em Daniel 8.10 as estrelas são reis e governos. O Evangelho de Mateus apresenta Jesus

Sombras, Tipos e Mistérios da Bíblia

como Rei dos Judeus. Começa com a genealogia chamando: "...Jesus Cristo, filho de Davi, filho de Abraão" (Mt 3.1). E logo na terceira geração está o nome de Jacó (1.1-12). Mateus é também o único que narra a história dos magos, que vieram a Jerusalém para adorar "o Rei dos Judeus" e foram avisados por Deus por meio de uma estrela.

Os homens têm formado várias hipóteses para definir a estrela que guiou os magos. Há no firmamento, mais ou menos, de 800 em 800 anos, uma conjunção de corpos celestes. Os planetas Júpiter e Saturno ficam parecendo um só, para quem olha daqui da Terra. Foi observado isto em 1603 e 1604. O astrônomo Kepler deu explicações ao assunto; e no século passado vários outros astrônomos se interessaram pelo fato e formaram suas versões. Esta junção estava defronte de Peixes, signo do Zodíaco, em 6 a.C. e 5 a.C. Jesus nasceu mais ou menos 4 ou 5 a.c. É fato conhecido que quando Dionísio (Dionysius Exigus), formou o sistema cronológico de nosso calendário se enganou. Resumindo, os homens têm dito várias vezes que o que os magos chamaram estrela era a posição de Júpiter e Saturno, defronte de Peixes ou de algum cometa. Julgamos ser isto só imaginação, porque uma estrela comum ou um corpo celeste pode servir de orientação, porém não pode guiar uma pessoa até uma casa, como aconteceu com os magos (Mt 2.9b). "...a estrela... ia adiante deles, até que, chegando, se deteve sobre o lugar onde estava o menino".

Era vista numa altura bem próxima, era um sinal, guiando ao lugar onde estava o Rei. Era a glória do Senhor Deus em forma de estrela.

A estrela é Jesus Cristo em sua manifestação aos crentes quando veio buscar sua Igreja. Pedro recomenda a prestar atenção à palavra dos profetas, considerada como luz num lugar escuro "...até que o dia esclareça, e a estrela da alva apareça em vossos corações" (2 Pe 1.19b).

Quando voltar ao mundo, o Senhor Jesus, será, para os salvos por ele, como estrela da alva, que só é vista pelos que se acordam cedo.

Para julgar os incrédulos, no aparecimento com os seus santos (Jd 14,15), ele será como "...o Sol da Justiça..." (Ml 4.2a).

No fim da revelação bíblica, Jesus mesmo se apresenta como a estrela da manhã. Depois das visões do juízo, nas admoestações finais do livro de Apocalipse, o Senhor Jesus Cristo tem uma palavra de conforto, recomendando aos seus servos a santificação: "Eis que cedo venho, e o meu galardão está comigo, para dar a cada um segundo a sua obra" (Ap 22.12).

Tipos não Humanos de Jesus

Ele é o cetro e a estrela de Números 24.17: "Eu, Jesus, enviei o meu anjo, para vos testificar estas coisas nas igrejas: eu sou a raiz e a geração de Davi, a resplandecente estrela da manhã" (Ap 22.16).

Urim e Tumim (Êx 28.30)

"Também porás no peitoral do juízo Urim e Tumim, para que estejam sobre o coração de Aarão, quando entrar diante do Senhor; assim Aarão levará o juízo dos filhos de Israel sobre o seu coração diante do Senhor continuamente".

As palavras "Urim" e "Tumim" têm um sentido comum na língua hebraica: Urim significa *luzes* e Tumim *perfeições*. Mas como símbolo nos paramentos do sacerdote, não se sabe o que eram num sentido material. Os rabinos judeus e os teólogos evangélicos, na sua maioria, concordam que não havia um objeto com nenhum destes nomes. Era uma parte do cerimonial da apresentação do povo a Deus, pelo sacerdote. A única relação que se vê é com as pedras que representavam as doze tribos de Israel.

Havia duas pedras, cada uma com seis nomes de tribos, que iam no éfode, que era roupa do sacerdote, em alguns de seus ofícios (Êx 28.9-12). Também no peitoral, numa peça que o sacerdote colocava sobre o éfode, havia doze pedras de acordo com as doze tribos (Êx 28.15-21). O lugar do "Urim" e "Tumim" é o que vem no texto acima "Também porás no peitoral do juízo, Urim e Tumim..." (Êx 28.30). Concluímos então que, quando o sacerdote punha todos os paramentos, incluindo o peitoral e as pedras, com os nomes das doze tribos, estava com "Urim" e "Tumim", apto para interceder pelo povo e representando o juízo de Deus.

Colocado sobre o coração do sacerdote, estava ele qualificado como juiz e intercessor. Ia ao Santo dos Santos, punha a mão sobre aqueles símbolos, pedia pelo povo e Deus respondia no meio de sua glória.

Aproveitando as expressões "sobre o coração de Aarão" e "continuamente", poderemos entender que "Urim" e "Tumim" São tipos de Jesus Cristo.

Ele leva os seus remidos no coração porque "como havia amado os seus, que estavam no mundo, amou-os até o fim" (Jo 13.1b). E "... permanece eternamente... vivendo sempre para interceder por eles" (Hb 7.24a, 25b).

"Urim" e "Tumim", com seu significado, falam das duas naturezas do Senhor Jesus. *Luzes* lembram sua divindade porque Deus é luz. *Perfeições* expressam sua humanidade sem pecado.

O fato de virem no plural é a aplicação dos salvos, porque sendo muitos milhares e cada crente sendo a luz do mundo, os que forem lavados pelo sangue do Cordeiro serão muitos e brilharão como luzes. Do mesmo modo, os crentes de todas as épocas e de todas as nações, transformados pela graça de Deus, purificados do pecado, serão perfeições perante Ele.

A humanidade perfeita de Jesus quer dizer seu modo de andar por aqui no mundo. A palavra "Tumim" vem algumas vezes no Antigo Testamento e pode ajudar a entender seu significado.

"...Noé era varão justo e reto..." (Gn 6.9b). No hebraico a palavra *reto* é "Tumim". Deus disse a Abraão: "...anda em minha presença e sê perfeito". (Hebraico: *Tumim* — Gn 17.1b). O cordeiro será sem mancha. (Sem mancha ou "sem mácula" — Hebraico: *Tumim*, Êx 12.5). Uma referência à obra de Deus, "Ele é a Rocha, cuja obra é perfeita...". ("Perfeita" — hebraico: *Tumim* — Dt 32.4a).

A primeira letra de "Urim" é *álefe*, a primeira do alfabeto hebraico e a primeira de "Tumim" é *tav*, a última do alfabeto hebraico. "Álefe" significa *boi*. Aparece com este sentido em Salmo 8.7; 144.14; Isaías 30.24. Na forma antiquíssima era feita a letra "álefe", representando a cabeça de um boi. Milhares de bois foram sacrificados apontando para o sacrifício de Jesus. Em Ezequiel 1.10 e Apocalipse 4.7, um dos quatro aspectos das criaturas das visões era a semelhança de boi, tipo de Jesus sofredor que veio ao mundo para servir e não para ser servido.

A palavra *tav* quer dizer *sinal* ou *símbolo*, e no mais antigo alfabeto tinha a forma de cruz. O sinal da cruz espiritualmente representa o sofrimento de Cristo e a união do pecador com Ele.

As duas letras, "álefe" e "tav", juntas, formam uma palavra, que não tem significado ou tradução em português, apontam para um objeto definido. Forma a partícula "ête" que indica o objeto direto da sentença. Tem um valor sintático. Várias vezes aparece no Antigo Testamento, falando de Jesus Cristo.

Em Zacarias 12.10b há uma profecia que diz: "...olharão para mim, a quem traspassaram...". João citou esta profecia com as seguintes palavras: "Eis que vem com as nuvens e todo o olho o verá, até os

mesmos que o traspassaram..." (Ap 1.7a). Jesus Cristo foi a pessoa referida nestas passagens, segundo a narrativa dos Evangelhos.
Os judeus incrédulos discordam de nossa interpretação. Não admitem que Jeová possa ser traspassado ou humilhado. Dizem que os judeus não crucificavam, seus criminosos eram apedrejados.
Ainda argumentam que muitos judeus foram crucificados durante todo o domínio romano, e como se podia saber que um era o Messias, entre os que passaram pela cruz?
Os romanos crucificaram muita gente, especialmente na tomada de Jerusalém, no ano 70 d.C. O historiador Josefo diz que esgotaram as árvores, cujo caule podia suportar o peso do corpo de um homem, tantas foram as execuções em cruzes.
Jesus porém não foi crucificado pelos romanos. Pilatos repetiu que não achava nele crime algum (Lc 23.4,14) e lavou as mãos publicamente, querendo dizer que não tinha culpa naquele caso (Mt 27.24).
Foram os judeus que resolveram: entregaram Jesus a Pilatos e mandaram a multidão gritar: "Crucifica-o, crucifica-o" (Lc 23.21b).
Jesus Cristo foi o único homem crucificado por eles. Quando Jesus vier em glória, até os mesmos que o traspassaram o verão. Portanto Jesus é o Messias, o Rei glorioso de Israel, profetizado tantas vezes no Antigo Testamento.
No original, em Zacarias 12.10, aparece a partícula "ête" formada das letras "álefe" e "tav" apontando para o objeto direto, Jesus Cristo. Ele é o Jeová Todo-Poderoso e foi traspassado porque é o "álefe" e "tav" do Antigo Testamento e o "alfa" e o "ômega" do Novo Testamento.
Quando os judeus voltaram de Babilônia, tinham sido perdidos o "Urim" e o "Tumim". Aparece um problema, e foi necessária a orientação do Senhor. Muitos, cujas genealogias não foram achadas, não podiam provar seu direito entre os sacerdotes. Esdras disse que não comessem das coisas sagradas até que houvesse sacerdote com "Urim" e "Tumim" (Ed 2.62,63).
Não houve mais sacerdote com "Urim" e "Tumim" até quando veio o Senhor Jesus, nosso eterno sacerdote.
As letras hebraicas têm valor numérico. A primeira letra vale 1, a segunda 2, até a décima. Então, a décima primeira vale 20, a décima segunda vale 30, até 90. A seguinte vale 100, a outra 200, 300, até que a última valha 400. Por isso todas as palavras do hebraico têm

um valor numérico. Somando-se o valor de cada letra, tem-se o valor da palavra ou da frase.

As palavras de Esdras, usadas na língua hebraica sob inscrição divina, cremos que se refere a Jesus Cristo.

"Um sacerdote" — valor numérico no hebraico: 75
"Com Urim" —   "   "   "   "   287
"E Tumim" —   "   "   "   "   526

Total   **888**

O número 888 é o valor numérico da palavra "Jesus" no grego, que também tem valor numérico em todas as letras.

O valor da palavra álefe no hebraico é 111. Este número multiplicado por 8, que é o número do Novo Testamento, dá 888, ou seja, o mesmo número de Jesus.

O Senhor Jesus é o Sumo Sacerdote tipificado em "Urim" e "Tumim", leva-nos sobre o coração com seu amor eterno, intercedendo por nós perante o Pai. Quando Ele vier, nos levará para si mesmo. Transformados e revestidos de sua glória, os muitos milhares de crentes participarão destas luzes e perfeições. E Ele será glorificado nos seus santos.

Ainda há muitos outros mistérios nas palavras "Urim" e "Tumim", sempre indicando a pessoa de Jesus, que é tudo em todos.

Capítulo 5

O Tabernáculo

Jesus como Sumo Sacerdote

"...e começando nesta escritura, lhe anunciou a Jesus" (At 8.35b).

Moisés recebeu ordem de Deus nos seguintes termos: "E me farão um santuário, e habitarei no meio deles. Conforme a tudo o que eu te mostrar para modelo do tabernáculo, e para modelo de todos os seus vasos, assim mesmo o fareis" (Êx 25.8,9). Dali até o fim do livro, com exceção apenas dos capítulos 32,33 e 34, que trazem a história do bezerro de ouro e suas consequências, todo o espaço é ocupado com o Tabernáculo.

O Tabernáculo era uma tenda, um templo portátil, usado pelo povo de Israel no deserto. Estavam viajando e precisavam armar e desarmar, conforme tivessem de acampar ou levantar acampamento.

O Tabernáculo era o lugar permanente da presença de Deus entre o seu povo. "E o meu tabernáculo estará com eles, e eu serei o seu Deus e eles serão o meu povo" (Ez 37.27). Esta profecia tem aplicação ao futuro glorioso de Israel, porque antes Deus diz: "...e porei o meu santuário no meio deles para sempre" (Ez 37.26b).

Mas o Tabernáculo feito por Moisés e os israelitas naquele tempo era figura e sombra das coisas celestiais (Hb 8.5).

O conjunto de partes e objetos do Tabernáculo abrange, com o seu simbolismo, as doutrinas mais destacadas ou as verdades fundamentais da revelação do Novo Testamento. Quanto mais conhecermos

Sombras, Tipos e Mistérios da Bíblia

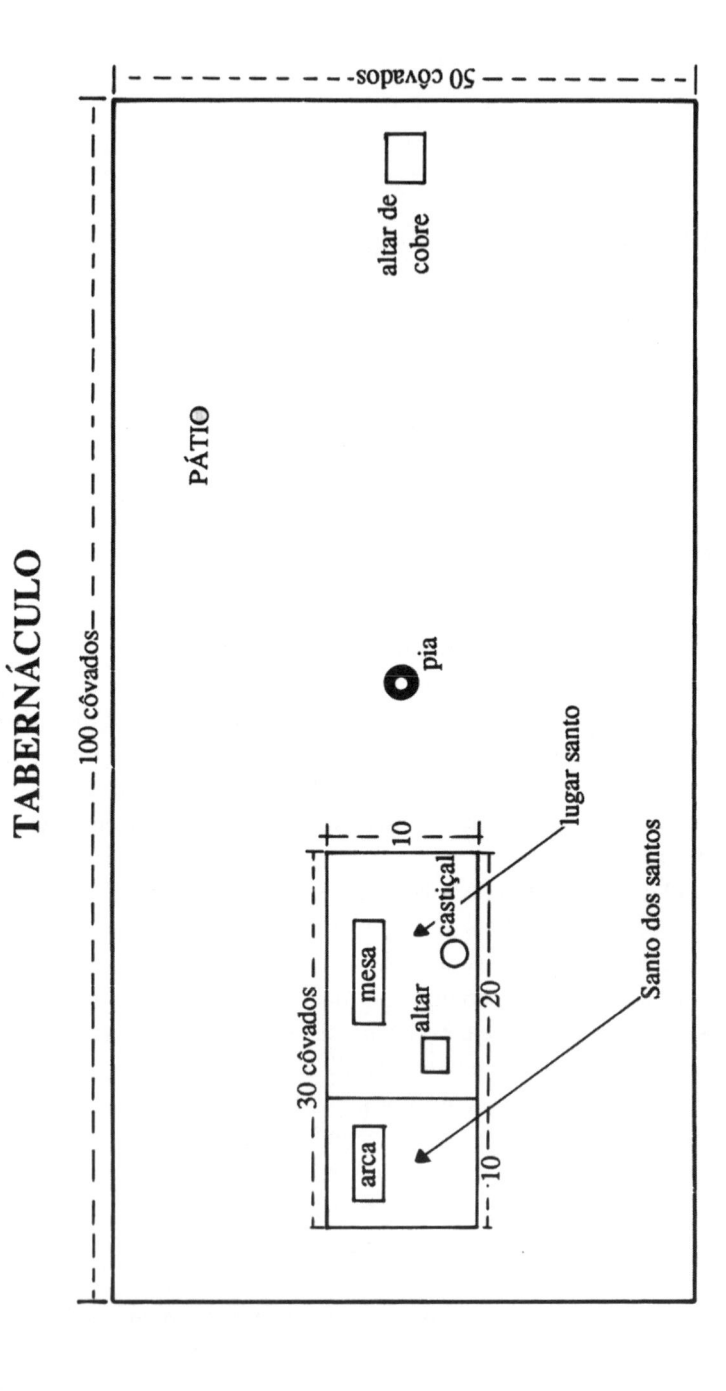

O Tabernáculo

os detalhes do Tabernáculo, mais entenderemos a obra redentora de Jesus Cristo. Ele, "...por um maior e mais perfeito tabernáculo, não feito por mãos... por seu próprio sangue, entrou uma vez no Santuário, havendo efetuado uma eterna redenção" (Hb 9.11,12).

A epístola aos Hebreus explica o cumprimento da cerimônia do Tabernáculo na pessoa de Jesus, porém em quase todos os livros do Novo Testamento há alguma coisa, que só pode ser entendida com o conhecimento deste assunto.

Como símbolo, o Tabernáculo fala da presença de Deus: "E me farão um santuário, e habitarei no meio deles" (Êx 25.8). Além disso é tipo de Jesus Cristo, que é "Ministro do santuário, e do verdadeiro tabernáculo..." (Hb 8.2a).

Na Jerusalém celestial, não há templo porque o Senhor será o templo (Ap 21.22). O Tabernáculo lembra a presença de Deus, mas o pecador só pode ir a Deus por Jesus Cristo.

O Tabernáculo não tinha porta, estava sempre aberto, como o Senhor Jesus está sempre pronto para receber o pecador.

Antes de pensar no significado das peças ou objetos que estavam no Tabernáculo, é proveitoso saber a significação de outros símbolos que aparecem ali, como: *pontos cardeais, cores, metais* e *outros objetos*. Tudo tinha um sentido espiritual.

A entrada era do lado do nascente. A mesa era do lado para o norte, e o castiçal ao lado do Tabernáculo para o sul (Êx 40.22,24).

Na ordem das tribos no acampamento e na marcha pelo deserto, ficavam três ao nascente, três ao sul, três ao ocidente e três ao norte (Nm 2.1-34). Os levitas ficavam ao redor do Tabernáculo, no meio dos exércitos (Nm 2.17).

Pontos Cardeais

Norte. A ideia ligada a "norte" é de frio, refrescante. Os montes do Líbano, especialmente o Hermom, tinham neve. Quando o sol esquentava, a neve se derretia e fazia correr água na Palestina. No livro de Cantares (4.16), a noiva está com o jardim com flores e pede que o "vento norte" vá embora e dê lugar "ao vento sul" para espalhar o aroma.

Sul. A brisa suave do Neguebe. O sul significa o que é agradável na vida, comumente uma situação agradável traz tentações ao descuido e relaxamento.

Sombras, Tipos e Mistérios da Bíblia

Os judeus dão às palavras direita e esquerda, o sentido do norte e sul. A direita para eles, "Iamin", de onde vem o nome da região do "Iêmen", é a parte sul da Palestina.
O norte é chamado *esquerda*. A Síria, ao norte da Palestina, é chamada na língua árabe, "El-Scham", mão esquerda, ou norte. Na língua síria é "Shâmi", mão esquerda, ou norte.
A frente do Tabernáculo era para o nascente, assim à esquerda era o norte e à direita o sul.
Leste. O deserto, o vento quente. Era por onde vinha a ameaça dos inimigos.
Também é pelo leste que vem o dia, o nascer do sol e a esperança. Em Lucas 1.78, o Senhor Jesus tem o nome de "Oriente do Alto".
Oeste. O mar, habitação de seres desconhecidos, a direção onde a luz se apaga. Em hebraico é "yam", que quer dizer *o mar*.
Em Isaías 17.12 e 13, a agitação das águas do mar representa a ira dos povos da terra.

As Cores

Branco — pureza. *Azul* — cor do céu. *Púrpura* — cor imperial. *Escarlata* — cor dos reis de Israel. Por isso vestiram a Jesus com um manto escarlata (Mt 27.28). *Carmesim* — sangue. O Messias crucificado. Há semelhança entre carmesim e escarlata. O contexto pode ajudar a entender.

Os Metais

Ouro — o metal do santuário. Símbolo da divindade de Cristo. Algumas vezes vem a expressão "ouro puro". Outras figuras são mencionadas como de "ouro" sem o qualificativo.
Prata. Simboliza a redenção, base de tudo, meio de aproximação entre o pecador e Deus. Conferir Êxodo 30.11-16; 38.25-28. Em Eclesiastes 12.6, aparece "o cordão de prata", quer dizer o fio da vida.
Lembra a medula que tem a forma de um cordão branco. Quando se quebra, a pessoa morre.
Cobre — Pode ser entendido também como bronze. Estava no pátio, o altar e a pia eram de cobre. Lembra a purificação. No pátio a pessoa se purificava: da culpa, no altar, oferecendo um sacrifício; na pia se purificava de qualquer contaminação, lavando-se com água.

O Tabernáculo

Outros Objetos

Madeira — Tipo da humanidade de Jesus. Usava-se madeira de lei, incorruptível. Na pia e no castiçal não havia madeira, porque seu sentido era: purificação, a pia; e luz divina, o castiçal.
Linho — Pureza e Santidade. Em Apocalipse 19.8b, lemos: "...o linho finíssimo são os atos de justiça dos santos".

As Partes do Tabernáculo

No Pátio — o altar de cobre para os sacrifícios e a pia.
No Lugar Santo — a mesa, o castiçal e o altar de incenso.
No Santo dos Santos — a Arca.

Simbolismo de cada Peça do Tabernáculo

Todo o Tabernáculo — A presença de Deus.
O pátio ou átrio — limites de aproximação do pecador a Deus.
Lugar Santo — formas de aproximação de Deus.
Santo dos Santos — Centro ou coração do Tabernáculo.
Altar de cobre — Remissão.
Pia — Santificação.
Mesa dos pães — Consagração ou comunhão com Deus.
Castiçal — Testemunho.
Altar de incenso — Oração ou adoração.
Arca — Presença de Deus.

Na ordem que Deus deu a Moisés para fazer estes objetos, a Arca foi lembrada em primeiro lugar (Êx 25.10). Era colocada no Santo dos Santos, onde só o sumo sacerdote podia entrar, uma vez no ano (Lv 16.2,29-31; Hb 9.7). A data em que o sacerdote entrava ali era no Grande Dia da Expiação, descrito em Levítico capítulo 16. O caminho para a presença de Deus ainda não estava aberto (Hb 9.8). Quando Jesus morreu, o véu do templo se rasgou abrindo este caminho.

A Arca (Êx 25.10-16,37; Hb 9.4).

A ARCA era uma caixa de madeira de cetim, coberta de ouro por dentro e por fora. O comprimento era dois côvados e meio, a largura um côvado e meio e a altura um côvado e meio. Acredita-se que estas dimensões correspondiam a 1,25m x 0,75m x 0,75m. A largura e a altura eram iguais.

O comprimento é a eternidade de Deus, a altura, a divindade, a largura, a misericórdia, que se estende a todos os pecadores.

Em Efésios 3.18 vêm as dimensões do amor de Deus: "a altura", atinge todas as raças e classes de pessoas. É o amor de Deus no espaço. "O comprimento", o amor de Deus no tempo, desde Adão até o fim dos tempos. "A altura", a divindade, santidade e onipotência. "A profundidade", a misericórdia por meio do perdão, oferecido ao pecador mais aprofundado na impureza e na maldade...

A Arca tinha em seu interior: um pouco de maná, a vara de Aarão que floresceu e as tábuas da Lei (Hb 9.4). Quando Salomão edificou o Templo, só havia na Arca as duas tábuas da lei (1 Rs 8.9).

As tábuas de pedra representavam a justiça de Deus. O maná, o alimento dado por Deus no deserto (Êx 16.14,15), lembra a suficiência de Deus. A vara que floresceu (Nm 17.1-10), sinal da soberania de Deus, que escolheu Aarão e seus filhos para o sacerdócio.

A Arca ficava escondida aos olhos dos homens. O Santo dos Santos, onde ela estava, era separado do Lugar Santo, por uma cortina grossa, chamada também véu. Quando o sumo sacerdote ia lá, uma vez no ano, levava sangue para aspergir a tampa da Arca e o incensário, de modo que a fumaça a ocultava de sua vista. Com a morte de Jesus, fomos feitos sacerdotes e agora podemos ter acesso à presença de Deus. "Tendo pois, irmãos, ousadia para entrar no Santuário pelo sangue de Jesus" (Hb 10.19).

A tampa da Arca tinha o nome de Propiciatório (Êx 25.17-25); era de ouro puro, estava em cima dela formando um conjunto, apresentando a forma de um só objeto, figura de Jesus Cristo em sua pessoa e sua obra.

Nomes da Arca:

1. Arca do testemunho (Êx 25.22).
2. Arca do concerto ou da aliança com Deus (Nm 10.33).
3. Arca do Senhor Deus (1 Rs 2.26).
4. Arca sagrada ou santa (2 Cr 35.3).
5. Arca de teu poder ou tua força (Sl 132.8).

O Tabernáculo

História da Arca:

Feita no tempo de Moisés, era conduzida durante a viagem no deserto. Atravessou o Jordão (Js 3.3-17). Rodeou a cidade de Jericó em sua tomada (Js 6.4,9). Permaneceu em Siló cerca de 300 anos. Foi tomada pelos filisteus e devolvida (1 Sm 4—6). Esteve em Bete-Semes e em Quiriate-Jearim. Davi a trouxe para Jerusalém e colocou-a numa tenda preparada por ele (2 Sm 1—17). Depois Salomão colocou-a no Templo (1 Rs 8.4-9). Aí deve ter permanecido até o fim do reino de Judá. Quando Israel foi para o cativeiro, o Templo deixou de funcionar, e nada mais a Bíblia diz sobre a Arca.

Tradições Sobre a História da Arca

Quando Nabucodonosor tomou Jerusalém, queimou a casa do Senhor, destruiu os vasos preciosos (2 Cr 36.19) e levou para Babilônia muita coisa que pertencia ao Templo. Entre estas coisas são mencionadas: vasos de cobre, de bronze, bacias, pás, colheres e muitos objetos de ouro e de prata (2 Rs 25.13-17).

Na volta do cativeiro, o rei Ciro deu ordem para serem devolvidos aos israelitas aqueles vasos que eram de uso sagrado. Esdras, estando à frente do povo, recebeu e levou para Jerusalém aquelas coisas que o rei mandou entregar (Ed 1.7-11). Não há qualquer referência à Arca na lista de coisas destruídas ou levadas por Nabucodonosor, nem entre as coisas devolvidas a Esdras. Para onde foi a Arca?

A Bíblia não diz nada sobre isto, mas entre os judeus e cristãos existem várias tradições e opiniões sobre o fim da Arca.

Os judeus têm notícia da Arca até o tempo do rei Josias, depois daquele tempo nada mais sabem. No Talmude há esta: "a Arca Sagrada existiu até o tempo do rei Yoshiahu (Josias), que a escondeu em um dos departamentos do Templo" — "Talmud Shek 6,1 apud Meir Maslian Melamed", *A Lei de Moisés*, pág. 142, rodapé.

Há um pensamento de que ela desapareceu para sempre, baseado na profecia de Jeremias: "...A Arca do concerto do Senhor, nem lhes virá ao coração, nem dela se lembrarão, nem a visitarão..." (Jr 3.16b).

Esta passagem se refere à restauração de Israel, quando Jerusalém será o trono do Senhor e Deus criar novos céus e nova terra (ver Isaías

65

65.17,18). Se a profecia de Jeremias tem sentido literal, tem razão esta ideia. Não conhecemos outras passagens para confirmar.

Uma tradição judaica afirma que "desde o cativeiro babilônico a Arca está sepultada e um dia será descoberta". Outra também judaica, diz que "um bloco de pedra foi colocado sobre o lugar onde estava a Arca". No livro apócrifo de Macabeus, há uma história que dá lugar a estas duas explicações dos judeus. Diz ali que "o profeta Jeremias levou a Arca, a Tenda e o Altar de incenso para o monte onde Moisés subiu para ver a herança de Deus, colocou numa caverna e fechou a entrada, de modo que ninguém pôde achar. Disse ainda o profeta que aquele lugar ficaria desconhecido, até quando Deus congregar o seu povo" (2 Macabeus 2.4-7). Esta história não tem valor espiritual, mas pode ter significação. Era tradição judaica do tempo dos Macabeus. Jeremias era sacerdote, assim tinha autoridade para lidar com a Arca. Sabendo ele que Jerusalém seria tomada, poderia ter escondido a Arca.

O Altar de Incenso (Êx 30.1-9; 34—38)

O incenso é símbolo de nossas orações (Sl 141.2; Ap 5.8; 8.3). Este altar ficava diante do véu (Êx 30.6), porque nossas orações são dirigidas à presença de Deus. O incenso era feito por uma receita especial que não podia ser usada para fins humanos. Nossa oração tem uma forma peculiar, diferente das petições dirigidas aos homens.

O crente foi redimido pelo sacrifício de Jesus, agora tem direito de ir ao lugar das orações: a oração é o contato com Deus, a comunhão e a adoração.

Para Deus, o incenso queimado era considerado como "cheiro suave". As orações feitas segundo sua vontade, são coisas agradáveis para Ele.

A oração expressa humildade, porque aquele que ora não confia em si mesmo. Deus dá sua graça aos humildes.

Ao mesmo tempo expressa fé. Apelando para Deus, o pecador salvo confia na solução de seus problemas e necessidades. Quem pede, recebe alguma bênção (Mt 7.7). Quem pede exatamente conforme a vontade de Deus, recebe exatamente o que pede (Jr 29.12; 1 Jo 3.22; 5.14).

A harmonia entre Deus e o crente é referida em algumas frases bíblicas: "Deleita-te também no Senhor, e ele te concederá o que deseja o teu coração" (Sl 37.4). "E buscar-me-eis, e me achareis quando me buscardes de todo o vosso coração" (Jr 29.13).

O Tabernáculo

O incenso para o crente é também adoração (1 Ts 5.18; Ef 5.20). Nossa oração tem de apresentar a Deus não somente súplica, mas adoração e louvor, que lembra agradecimento.

Além de ser aplicado a nós, o altar de incenso é tipo de Jesus Cristo, nosso Mediador. Ele roga ao Pai pelos que são dele (Jo 17.9-21). Vivendo sempre para interceder por nós (Hb 7.25). "...O qual está à direita de Deus, e também intercede por nós" (Rm 8.34b). Jesus certa vez disse a Pedro: "...Satanás vos pediu para vos cirandar como trigo; Mas eu roguei por ti, para que a tua fé não desfaleça..." (Lc 22.31-32a).

O Castiçal (Êx 25.31-40; 37.17-24)

O castiçal era uma peça de ouro puro, com sete pontas ou extremidades que serviam de lâmpadas. Era feito para alumiar, sua significação era testemunho ou luz. Na vida pública do crente, estas palavras são sinônimas. Sereis minhas testemunhas (At 1.8). "Vós sois a luz do mundo... assim brilhe a vossa luz diante dos homens... (Mt 5.14-16a).

A responsabilidade do crente aqui no mundo é viver de tal modo que os descrentes conheçam o poder de Deus por meio de sua vida. Testemunho é depoimento de quem presenciou algum fato. Só tem autoridade para dar testemunho de Jesus quem experimentou o contato com Ele. Este contato consiste em percorrer todos os pontos, representados pelos objetos que faziam parte do Tabernáculo: Altar de cobre, a conversão; a Pia, a separação do pecado; a Mesa, a comunhão com Deus e chegar ao castiçal para servir de testemunha do Senhor.

Moisés, quando esteve no monte com Deus, ficou com o rosto resplandecente (Êx 34.29,30,35). E não sabia que a pele de seu rosto resplandecia. Quem está cheio do poder de Deus, é humilde, não vê a si mesmo. Quem vê sua própria *espiritualidade*, está errado. Quando Elias disse: "Sou muito zeloso... fiquei só" (1 Rs 19.14), estava onde Deus não queria. O fariseu que orou a Deus assim: "...não sou como os demais homens..." (Lc 18.11b), não foi aceito por Deus, não voltou justificado.

O crente unido ao Castiçal recebe a luz perfeita, de sete bicos, é dominado pela humildade e seu testemunho tem poder para realizar grandes coisas. Em Efésios 5.14 há uma promessa da luz de Cristo, seguindo uma exortação dirigida ao crente: "...Desperta, ó tu que dormes, e levanta-te dentre os mortos, e Cristo te esclarecerá".

O Castiçal é tipo de Jesus Cristo porque ele é "...a luz verdadeira, que alumia a todo o homem que vem ao mundo" (Jo 1.9).
Paulo, no caminho de Damasco, viu uma luz mais forte que o sol. Era Jesus chamando o perseguidor para a conversão (At 26.13-15).
"E a condenação é esta: Que a luz veio ao mundo, e os homens amaram mais as trevas do que a luz, porque as suas obras eram más" (Jo 3.19). "...Eu sou a luz do mundo; quem me segue não andará em trevas, mas terá a luz da vida" (Jo 8.12b).

A Mesa (Êx 25.23-30; 37.10-16)

O crente, entrando *no santuário pelo sangue de Jesus*, é sacerdote de Deus e está no meio do ambiente celestial. Seu lugar é na mesa, para comer o pão sacerdotal. É um privilégio concedido aos filhos de Deus. Sejamos vigilantes para que nada nos prive de participar com alegria desta bênção.

A Mesa tinha as mesmas dimensões da Arca. Nela estavam sempre os pães da proposição (Êx 25.30) que eram doze (Lv 24.6), segundo o número das tribos de Israel.

O significado da Mesa é a comunhão com Deus. Jesus é o pão da vida (Jo 6.35-48). A palavra *proposição* aqui tem o sentido da presença: os pães estavam sempre diante do Senhor.

Outro simbolismo da mesa com os pães é consagração. O dever do crente é viver continuamente na presença de Deus, para consagrar tudo de sua pessoa e de sua vida ao serviço do Senhor.

Esta consagração resulta de um melhor entendimento do que Jesus Cristo fez pelos pecadores e uma compreensão melhor da grandeza do amor de Deus.

Quem se alimenta de Cristo e de sua palavra, melhora sua comunhão com Deus e progride na consagração.

Aqueles pães eram destinados aos sacerdotes. Nós todos agora somos sacerdotes (1 Pe 2.9; Ap 5.10; 20.6), porque o véu do Templo se rasgou com a morte de Cristo.

A mesa com os pães também representa Jesus Cristo. Ele é o pão que desce do céu, para que todo o que dele comer não morra (Jo 6.50).

Purificados pelo sangue de Jesus, temos comunhão uns com os outros e com o Pai (1 Jo 1.3). Como pão da vida, ele diz: "...quem comer este pão viverá para sempre" (Jo 6.58b).

A Pia (Êx 30.18-21; 38.8)

Também é chamada bacia. Servia de lavatório. Os sacerdotes tinham de lavar ali as mãos e os pés (Êx 30.20,21).

Seu significado é santificação. Depois de identificado com a morte de Cristo para redenção, o pecador precisa ter contato com a pia para ser mais santo (Ap 22.11).

"...a graça de Deus se há manifestado, trazendo salvação... Ensinando-nos que, renunciando à impiedade e às concupiscências mundanas..." (Tt 2.11,12b). A graça de Deus fala da salvação e, esta renúncia, de santificação.

A Pia continha água, único elemento capaz de matar a sede e de lavar o sujo. Qualquer líquido que acabe com a sede tem de ter 90% de água ou mais. Para lavar um corpo grande, só a água resolve. Outras substâncias servem para tirar manchas, mas precisam da cooperação da água.

Deus promete derramar *água pura* para limpar o pecador de suas imundícies (Ez 36.25,26).

A Pia é tipo de Jesus Cristo, que disse: "...Se eu não te lavar, não tens parte comigo" (Jo 13.8b). Noutra ocasião: "Mas aquele que beber da água que eu lhe der nunca terá sede" (Jo 4.14a).

Beber desta água é aceitar a salvação. "...Se alguém tem sede, venha a mim, e beba. Quem crê em mim... rios de água viva correrão do seu ventre. E isto disse ele do Espírito que haviam de receber..." (Jo 7.37-39).

A água purificadora da Pia representa a Palavra de Deus. Na oração pelos discípulos, Jesus pediu: Santifica-os na verdade: a tua palavra é a verdade" (Jo 17.17). E o salmista diz: "Como purificará o mancebo o seu caminho? Observando-o conforme a tua palavra" (Sl 119.9).

A santificação vem pela confissão dos pecados a Jesus. "Se confessarmos os nossos pecados, ele é fiel e justo, para nos perdoar..." (1 Jo 1.9a). A Igreja de Jesus Cristo é purificada "com a lavagem da água, pela palavra" (Ef 5.26b).

Não dá resultado pedir santificação ou planejar santidade sem confessar os pecados, e sem aplicar a Palavra de Deus ao coração e à vida prática. Pelas igrejas aparecem pessoas que querem aparentar santidade pelos caminhos da carne. O resultado são as divisões (Jd 19), os relatórios falsos e os escândalos.

A santificação só vem pelo reconhecimento e confissão dos pecados (1 Jo 1.9), a aplicação do sangue de Jesus para perdão (1 Jo 1.7) e a lavagem pela palavra de Deus (Jo 17.17; Ef 5.26).

Altar de Cobre (Êx 27.1-8; 38.1-7)

É símbolo da remissão que o Filho de Deus realizou em favor do homem perdido.

Estava colocado à entrada do Átrio do Tabernáculo. Era o primeiro objeto encontrado por todo aquele que fosse ao Tabernáculo. Para chegar-se a Deus, o pecador tem de passar primeiro pelo sacrifício do Cordeiro de Deus, que foi imolado na cruz.

No altar ardia um fogo contínuo, uma fumaça subia todo o tempo, e o sangue era derramado sem interrupção.

O *fogo* — símbolo da cólera divina, a *fumaça* — manifestação da mesma cólera e o *sangue* — uma vida sacrificada pelo culpado.

O Altar era de madeira de cetim e de cobre. Se fosse só de cobre, seria pesado demais para transportar. A união da madeira e do cobre representa a dupla natureza de Jesus Cristo.

Havia quatro chifres nos ângulos, dirigidos para cima.

Chifre no Antigo Testamento sempre é sinal de força e poder. Também os chifres ou pontas do altar serviam de refúgio. Um criminoso que pusesse a mão sobre as pontas do Altar estava protegido, o vingador não tinha poder para matá-lo. Só depois de julgada sua culpa, era entregue ao castigo (Êx 21.14; Nm 35.33; Dt 19.13).

Quando Joabe (1 Rs 2.28) pegou nas pontas do Altar, o sacerdote Benaia não quis matá-lo. Só depois que Salomão deu ordem, foi que ele executou.

O principal uso do altar era receber os holocaustos e todas as outras ofertas (ver Lv 1—7).

O Altar de Cobre é tipo de Jesus Cristo que "na consumação dos séculos uma vez se manifestou, para aniquilar o pecado pelo sacrifício de si mesmo" (Hb 9.26b).

O pecador que quiser ir à presença de Deus tem de percorrer este caminho: passar pelo Altar de cobre, Jesus Cristo na cruz; lavar as mãos (Tg 4.9) na Pia, o poder do sangue; fazer brilhar sua luz em contacto com o Castiçal, a luz de Jesus Cristo; participar da Mesa, Jesus o pão da vida; oferecer suas orações no Altar de Incenso; passar pelo véu que Jesus rasgou com a morte e finalmente chegar à Arca.

Capítulo 6

As Ofertas de Levítico, Jesus como Redentor

"Estes, porém, foram escritos para que creiais que Jesus é o Cristo, o Filho de Deus, e para que crendo, tenhais vida em seu nome" (Jo 20.31).

Levítico é livro que trata da santificação do povo de Deus. O Êxodo lembra a conversão. Israel foi livre da escravidão do Egito, figura da escravidão do pecado, fez o Tabernáculo e estava ao pé do monte Sinai, onde Deus deu a Lei. Foi armado o Tabernáculo e a glória do Senhor o encheu, em forma de nuvem de dia e de fogo à noite (Êx 40.34,38).

Ali Deus deu as instruções sobre o cerimonial de Levítico, que representa todos os detalhes da obra de Jesus Cristo na cruz.

Quem estuda cuidadosamente este livro, vê que antes pouco sabia da razão pela qual Jesus morreu crucificado.

A tipologia de Jesus no livro de Levítico está nas cinco ofertas no Dia da Expiação e nas festas do capítulo 23. Propriamente no capítulo 23, a parte mais interessante é a oferta das primícias.

As cinco ofertas são descritas nos capítulos 1 a 7 e explicam tudo que foi realizado no Calvário. Formam um todo, mas podem ser estudadas separadamente, assim será dada maior atenção aos pormenores.

Fatos a Respeito das Cinco Ofertas

1 - Foram ordenadas ainda que eram voluntárias.
2 - Todas, exceto a de manjares, tinham sangue.
3 - Todas, exceto a de manjares, eram expiatórias.
4 - O sangue derramado era um sacrifício, a entrega de uma vida, uma substituição.

As Cinco Ofertas em Ordem

1 - O holocausto — (com sangue) 1.1-17 e 6.8-13.
2 - A oferta de manjares — (sem sangue) 2.1-16; 6.14-23.
3 - A oferta pacífica — (com sangue) 3.1-17; 7.11-34; 19.5-8; 22.21-25.
4 - A oferta pelo pecado — (com sangue) 4.1-35; 6.24-30.
5 - A oferta pela culpa — (com sangue) 5.14-19; 7.1-17.

Cristo como holocausto — Pela perfeita obediência até a cruz, Ele satisfaz a justiça. O primeiro homem desrespeitou a Deus. O segundo o glorificou. Pela obra da cruz veio mais glória para Deus do que a que Ele perdeu pela queda de Adão. Esta oferta é a que vem em primeiro lugar.

Cristo e a oferta de manjares — Nesta aparece sua perfeição. Depois de apresentar o sangue precioso que nos deu a paz, Ele alegra a Deus pelo que é em si mesmo.

Cristo e a oferta de paz — Colocando-se entre Deus e os homens, Jesus Cristo nos trouxe a paz. Esta oferta encerra o significado da reconciliação.

Cristo e a oferta pelo pecado — O Evangelho ensina que Ele se ofereceu por nossos pecados e agora pode perdoar.

Cristo e a oferta de culpa — Uma falta, um pecado é considerado por Deus como uma dívida que tem de ser paga. É também um sujo ou impureza que deve ser lavada. Com a sujeira não poderíamos ir ao Santo dos Santos. Jesus Cristo se fez pecado por nós, para nos lavar. Seu sangue "nos purifica de todo o pecado" (1 Jo 1.7b). "Se alguém pecar, temos um advogado" (1 Jo 2.1b).

O livro de Levítico começa com a voz do Senhor chamando Moisés, da tenda da congregação (Lv 1.1b). Lembra a voz dos céus que disse:

As Ofertas de Levítico, Jesus como Redentor

"...Este é o meu Filho amado, em quem me comprazo" (Mt 3.17b). A exortação aqui não se dirige ao pecador perdido, mas aos que têm um pacto com Deus e aos corações movidos pela gratidão, a ponto de trazerem uma oferta a Deus. Fala aos que voluntariamente desejam trazer alguma coisa que Ele aprova. O que trazem lembra Jesus Cristo. Aqui não se trata de obrigação. É "quem quiser", "qualquer pessoa", "se alguém..."

As Cinco Ofertas e os Evangelhos

A oferta de manjares (sem sangue) representa a perfeição do Homem Jesus.

Mateus, apresenta o perfeito Messias de Israel;
Marcos, o Servo perfeito;
Lucas, o Varão perfeito;
João, o Filho de Deus feito carne.

As Quatro Ofertas de Sangue e os Quatro Evangelhos

Mateus — *Oferta pela culpa* — Cristo encontra o pecador no momento de sua necessidade, quando ele reconhece sua dívida para com Deus. O livro se ocupa com o pensamento do pecado como débito, ou uma ofensa ao governo divino.

Marcos — *Oferta pelo pecado* — A ênfase está no pecado como mancha ou nódoa. A oferta de pecado olha para a cruz.

Lucas — *Oferta pacífica* — A paz deve ser entendida como base da comunhão com Deus. Os capítulos 14 e 15 de Lucas mostram o caminho pelo qual Deus, em sua graça, vem ao encontro do homem e o atrai para si.

João — *Holocausto* — Nosso Senhor é a oferta queimada, dá-se a si mesmo, como um sacrifício de cheiro suave a Deus. Não há referência em João ao grito de angústia: "Deus meu, Deus meu, por que me desamparaste?" Este grito se refere ao pecado e à culpa. Só pode aparecer em Mateus e Marcos. Não poderia vir onde a morte é vista

Sombras, Tipos e Mistérios da Bíblia

como aquilo que glorifica plenamente a Deus em um mundo onde ele é desprezado.

Significação das Ofertas

1 - *Holocausto* — consagração pessoal.
2 - *Manjares* — Consagração dos bens.
3 - *Pacífica* — Comunhão com Deus.
4 - *De Pecado* — Perdão.
5 - *De Culpa* — Restituição.

A Oferta de Holocausto (Lv 1.1-17; 6.8-13; 7.8)

Era diferente das outras quatro, porque nela a carne da vítima era toda queimada. Representa a consagração pessoal.

Um exemplo se acha nas igrejas da Macedônia que "...não somente fizeram como nós esperávamos, mas a si mesmos se deram primeiramente ao Senhor, e depois a nós, pela vontade de Deus" (2 Co 8.5). É a consagração completa do próprio ser, para a obra de Deus.

Tipifica a obediência perfeita de Cristo

a) Jesus foi tentado a evitar aquele propósito: por Satanás (Mt 4.8), pelos discípulos (Mt 16.21-23) e pelo povo (Jo 6.15).
b) Jesus fez a vontade do Pai (Lc 2.29; Jo 4.30; 5.30; 6.29; Hb 10.7).
c) Jesus teve um propósito fixo (Lc 9.5; 22.42; Jo 18.11).

As Quatro Qualidades de Animais

No holocausto eram permitidas quatro espécies de animais: a) novilho, b) carneiro, c) bode, d) aves.

Esta diferença era por causa da condição financeira do ofertante. Aplica-se na vida espiritual, ao grau de compreensão, ou à ideia que o crente tem da pessoa de Cristo.

Oferece uma oferta tipificada pelo pombo, o crente que tem uma ideia fraca de Cristo. Só sabe que é do Céu (as aves são do céu), porém não se desenvolve no testemunho. Sabe que vai também para o Céu, mas esquece da vigilância e do serviço a Deus.

As Ofertas de Levítico, Jesus como Redentor

O cabrito é a vida espiritual de quem só aprendeu que Jesus é o bode expiatório, sofreu por nós. Tal crente aceitou a salvação e sabe que nós temos de sofrer neste mundo, mas não se lembra de que Deus é "...de toda a consolação" (2 Co 1.3b). Outros crentes veem Jesus Cristo um pouco maior. Oferecem um carneiro. Têm-no como o "Cordeiro de Deus". Às vezes até evangelizam. Quem oferece pombos ou cabritos, não experimenta a consolação de Deus, não se lembra do amor aos perdidos nem do dever de evangelizar.

O holocausto com um novilho é compreendido pelo crente que vê Cristo como o servo, que veio servir. E procura manter o mesmo sentimento que houve nEle (Fp 2.5).

O boi gasta sua força para servir, arrastando um carro, um arado, ou outro objeto que dê lucro aos homens.

Entrega seu corpo todo para proveito da humanidade. A carne, o couro, os chifres, os ossos, o esterco, os nervos, e tudo mais é industrializado para dar alimento, conforto e vantagem ao homem neste mundo.

O crente espiritual vê Jesus Cristo como o boi, e segue o exemplo, paciência e serviço.

Este tipo de crente é mencionado nas palavras; "...Espalhou, deu aos pobres: a sua justiça permanece para sempre" (2 Co 9.9b).

O Salmo 40 é o Salmo do holocausto. Ali aparece o louvor da alma, apreciando este aspecto da obra de Jesus Cristo.

A Oferta de Manjares (Lv 2.1-16; 6.14-23; Sl 16)

É diferente das outras quatro em cinco pontos:

a) Não era uma vida.
b) Não tinha sangue.
c) Não recebia imposição de mãos.
d) Não havia substituição.
e) Não era pelo pecado.

Por a mão na cabeça representava identificação do ofertante com a vítima. Na oferta de manjares, não havia substituição do culpado por um inocente.

Sombras, Tipos e Mistérios da Bíblia

Esta oferta representa a consagração dos bens. Era um presente, uma dádiva de gratidão a Deus.

Consistia em alimentos: flor de farinha, óleo, sal e espigas tostadas. Junto com estes vinha o incenso. Não era uma coisa rara, mas uma substância que todos podiam ter em casa.

1 - Flor de farinha, a melhor farinha. Para chegar àquele ponto, era preciso esmagamento do trigo, que lembra o sofrimento de Jesus.

2 - Óleo ou azeite representa o Espírito Santo (At 10.38; Hb 1.9).

3 - Incenso representa a oração (Sl 141.2; Lc 1.10; Ap 5.8).

4 - Sal, incorrupção e preservação. Significa que a consagração não é temporária, é eterna e incorrupta.

Eram proibidos

1 - Fermento, que sempre na Bíblia tem sentido de maldade, coisa rejeitada por Deus (Ver 1 Co 5.7-8).

2 - Mel, coisa agradável e nutritiva, mas que, sob a influência do calor, azeda. Representa os sentimentos naturais, a bondade humana que nem sempre permanece.

Em Jesus Cristo havia mais que os sentimentos naturais.
Era o amor divino, santo, aplicado ao homem. "...tendo amado os seus, que estavam no mundo, amou-os até o fim" (Jo 13.1b).

Só o amor de Deus em nossos corações pode fazer existir em nós os sentimentos aprovados por Ele.

Em relação a Jesus Cristo, a oferta de manjares fala de sua perfeição. O santo se tornou homem perfeito, sem pecado nem falta.

Também faz lembrar Jesus como o pão da vida, o pão que desce do Céu para nos alimentar.

A pessoa de Jesus é ligada à sua obra. O holocausto, com sangue, redimiu o pecador, e a oferta de manjares com sua perfeição alimenta e sustenta os que foram salvos pelo sangue.

A humanidade de Cristo não terminou com a morte na cruz. Ele continua sendo homem perfeito e santo. "...há um só Deus, e um só Mediador entre Deus e os homens, Jesus Cristo *homem*" (1 Tm 2.5).

As Ofertas de Levítico, Jesus como Redentor

A Oferta Pacífica (Lv 3.1-17; 7.11-34; Sl 85)

Diferente de todas as outras, porque nela o ofertante comia uma parte. Na de holocausto tudo era queimado para Deus. Nas outras três, o sacerdote tirava uma parte para si e seus filhos.

Representa a oferta pacífica — a comunhão com Deus.

Nesta oferta podia ser trazido para sacrifício:
- um novilho ou novilha (3.1-5);
- um cordeiro (3.6-11);
- uma cabra (3.12-16).

Não era permitido o sacrifício de pombos, como na do holocausto. O pombo ou rolinha era de menor valor financeiro. Espiritualmente tem aplicação ao crente menos desenvolvido no conhecimento de Jesus Cristo. O crente que só sabe que Jesus é do Céu e que vai encontrar com Ele no Céu, não cresceu. Não aprendeu a servir, não produziu o fruto do Espírito, não tem paz. Tal crente não faz a oferta pacífica.

Jesus Cristo cumpriu o sentido da oferta pacífica "Porque Ele é a nossa paz..." (Ef 2.14a). "...Por Ele é feito a paz pelo seu sangue..." (Cl 1.20a).

O peito era comido pelo sacerdote (7.30,31). Peito, lugar de afeição. Somos agora sacerdotes e nos alimentamos do amor de Cristo que nos dá a paz.

A espádua direita (7.32) também pertencia ao sacerdote. A força representada pela espádua é o poder que vem do Senhor Jesus, para seus servos realizarem a obra do testemunho neste mundo.

O sangue pertencia a Deus (v. 20). O sangue trouxe o perdão dos pecados. Não pode haver comunhão sem perdão. O sangue de Jesus Cristo nos purifica. O ato de comer uma parte da oferta lembra o significado da Ceia do Senhor. Recebendo pela fé o que Jesus realizou na cruz, temos paz com Deus.

O crente tem obrigação de buscar a paz se quiser experimentá-la. Outras pessoas não podem estragar a minha paz. "Aparte-se do mal e faça o bem; busque a paz e siga-a" (1 Pe 3.11). "Não estejais inquietos por coisa alguma: antes as vossas petições sejam em tudo conhecidas diante de Deus pela oração e súplicas, com ação de graças. E a paz de Deus... guardará os vossos corações..." (Fp 4.6,7b).

A Oferta pelo Pecado (Lv 4.1-35; 5.1-13; 6.24-30; Sl 22; 2 Co 5.21)

As ofertas de sangue têm duas classes: cheiro suave e restituição. Holocausto e oferta pacífica são cheiro suave para Deus. As ofertas de pecado e de culpa não são, porque têm lugar quando há alguma coisa errada perante Deus.

A oferta pacífica lembra a comunhão com Deus e uns com os outros. Mas enquanto a alma não vir Cristo tomar o lugar do pecador, não tem paz.

Diferenças entre a oferta de pecado e de culpa:

O pecado aqui significa impureza, fraqueza, condição. A culpa é um ato, uma dívida. O pecado é a natureza má, a culpa, o erro. O pecado torna o pecador rejeitado por Deus pelo que é.

A culpa pelo que ele faz. Em Isaías 41.24 Deus diz: "...sois menos do que nada e a vossa obra é menos do que nada...". Menos do que nada é quantidade negativa, como o exemplo de quem tem dívidas e não tem cobertura para estas dívidas, suas finanças são menos do que nada.

Este é o valor do homem para Deus. Sendo menos do que nada, precisa da oferta de pecado, para se habilitar perante Deus.

Suas obras valendo menos do que nada, ele precisa da oferta de culpa para pagar sua dívida.

Eu sou purificado diante de Deus, mas pode aparecer em mim a manifestação do pecado.

Na morte de Jesus foi cumprida a oferta de pecado. "Deus o fez pecado por nós" (Hb 9—10; 2 Co 5.21).

Todas as ofertas são indicadas em Hebreus 10. "Sacrifícios" — "paz"; "oferenda" — "manjares"; "oferta queimada" — "holocausto"; "pelo pecado" — "pecado e culpa".

O pecado referido nesta oferta é entendido pela expressão: "pecar por ignorância" (Lv 5.15). É um pecado não deliberado.

Desde que Jesus morreu, só há um pecado deliberado; é a rejeição do Filho de Deus. Todos os outros são cometidos por ignorância.

Pedro disse aos que o crucificaram: "Pela vossa ignorância fizestes isso" (At 3.17). Paulo declarou: "Nenhum dos príncipes deste mundo o conhece; porque se o conhecessem nunca crucificariam ao Senhor da Glória" (1 Co 2.8).

As Ofertas de Levítico, Jesus como Redentor

A oferta de pecado é daquele que deseja ser salvo. Quem recusa trazer a oferta de pecado, tem um pecado deliberado. É o caso tratado em Hebreus capítulo 6. Não se refere a um cristão falhar, mas à atitude de um esclarecido intelectualmente, certo da verdade que volta deliberadamente, recusa o Filho de Deus como Salvador. "Do pecado, porque não creem em mim" (Jo 16.9).

A Oferta de Culpa (Lv 5.14-16; 6.7; 7.1-7; Sl 69)

A oferta de culpa apresenta o primeiro aspecto da obra de Cristo na cruz. Vem ao encontro do medo do pecador que dizia ansioso: "Como me salvarei das consequências de meu pecado?"

Cada pecado é uma ofensa à majestade do céu.

Uma falta contra o governo santo de Deus. Mesmo que seja contra o homem, é primeiro contra Deus. Davi pecou contra Urias, mas diz: "...contra ti somente pequei..." (Sl 51.4a).

Depois clama com fé na cruz do Cristo que havia de vir: "Purifica-me com hissopo, e ficarei puro: lava-me, e ficarei mais alvo do que a neve" (v. 7). Este é o aspecto da cruz que nos vem com a oferta de culpa.

A razão de ser desta oferta está em Levítico 5.15; 6.7; A oferta tinha de ser "um carneiro sem mancha, conforme o valor em siclos de prata". Esta parte era a expiação da culpa. Ainda trazia o ofertante uma restituição especificada como "o quinto" (a quinta parte do valor do carneiro). Esta parte era para o sacerdote. Uma coisa contra o Senhor era restituída ou paga com a oferta de pecado.

Quando o culpado reconhecia sua culpa, trazia não só o valor, mas o quinto como acréscimo para o sacerdote.

"Onde o pecado abundou, superabundou a graça" (Rm 5.20b).

Deus recebia mais por causa do pecado do homem do que receberia senão houvesse pecado. Recebe mais glória do que a que perdeu.

O valor da obra de Cristo no Calvário não vai só ao encontro de todos os pecados dos que creem nele, mas alcança todos os arrependidos em todo o Universo.

Cumprindo a oferta de culpa é que Jesus é chamado *Cordeiro*.

No holocausto podia haver quatro animais a escolher; na pacífica, era gado ou gado miúdo, macho ou fêmea; na oferta pelo pecado, era oferecido uma cabra, mas pela culpa, só "um carneiro sem mancha".

Sombras, Tipos e Mistérios da Bíblia

Jesus foi apresentado como "...o Cordeiro de Deus, que tira o pecado do mundo" (Jo 1.29b). É "um Cordeiro, como havendo sido morto" (Ap 5.6a). "...como um cordeiro foi levado ao matadouro..." (Is 53.7b). O Salmo 69 é o salmo de oferta de culpa. O versículo 9 é a confissão de nossos pecados ao Senhor. Os versículos 20 e 21 descrevem o sofrimento do Salvador. O versículo 31 mostra a superioridade do Calvário sobre os sacrifícios do tempo da Lei.

O Dia da Expiação (Lv 16)

Era esta a mais importante de todas as festas do calendário dos judeus. O maior de todos os dias para eles. A razão de tão grande importância é que, naquele dia, era feita expiação de pecado: por Aarão e seus filhos; por todo o povo de Israel; e pelo Tabernáculo e seu mobiliário (vv. 33 e 34).

Observado no dia dez do sétimo mês (Lv 23.27), era também dia de santa convocação (Nm 29.7).

A cerimônia do dia da Expiação consistia numa série de sacrifícios. Primeiro o sumo sacerdote Aarão oferecia um novilho por ele e por seus filhos. Levava para o interior do Santo dos Santos o sangue do novilho e o incensário com brasas e incenso sobre elas. A fumaça de incenso cobria a Arca e o Propiciatório. Espargia o sangue do novilho sobre o Propiciatório e no chão perante ele, sete vezes com o dedo (vv. 11-14).

Esta era a purificação do Tabernáculo. Pela razão de estar entre o povo pecaminoso, tornava-se impuro e precisava ser purificado (ver Hb 9.21).

A expiação pelo povo era feita por meio de dois bodes.

Escolhiam dois bodes e lançavam sortes: um era chamado *do Senhor* e outro, *bode emissário* (vv. 5-10). O bode sorteado para o Senhor era degolado, o seu sangue era levado para dentro do véu, no Santo dos Santos, e o sacerdote fazia como com o sangue do novilho. Espargia sobre o Propiciatório e sete vezes com o dedo pelo chão, depois de colocar também o sangue nas pontas do altar (vv. 15-19). Ali o sumo sacerdote entrava uma só vez no ano (Hb 9.7).

Esta vez era na cerimônia do Dia da Expiação. Depois de expiado o Santuário e a tenda da Congregação, era executada a parte referente ao outro bode.

As Ofertas de Levítico, Jesus como Redentor

"...então fará chegar o bode vivo" (v. 20b). Aarão punha as mãos sobre a cabeça do bode vivo, confessava a todas as iniquidades e transgressões dos filhos de Israel e enviava o bode para um lugar deserto, pela mão de um homem escolhido para isso (vv. 21,22). Esse bode levava sobre si as iniquidades de todo o povo ao deserto, lugar também chamado terra solitária.

Há quem diga, sobre aqueles dois bodes, que o morto é tipo de Jesus Cristo e o emissário é tipo de Satanás. Que no futuro, os pecados de toda a humanidade serão lançados sobre Satanás. Não há uma só passagem bíblica que confirme tal ideia.

É pura imaginação de quem não segue o ensino da Palavra de Deus. O bode emissário é chamado Azazel (Lv 16.8,18,26). Na versão Brasileira está assim, e é a palavra no hebraico. Uma corrente antiga de judeus dizia que o sentido da palavra é demônio, mas um dicionário da autoria de um judeu define assim: "Azazel, bode expiatório ou bode de afastamento" (*Hebrew Analytical Lexicon*, Benjamin Davidson, pag. 573).

Além desta definição, a Bíblia encerra uma lista de passagens dizendo que Cristo levou nossos pecados. Ele não somente morreu por nós mas levou para longe nossas iniquidades.

a) Isaías 53.2-12: "...fez cair sobre ele a iniquidade de nós todos" (v. 6b). "...as iniquidades deles levará sobre si" (v. 11c). "Ele levou sobre si o pecado de muitos" (v. 12c).
b) 1 Pedro 2.24a: "Levando ele mesmo em seu corpo os nossos pecados...".
c) Hebreus 9.28: "Ele voltará outra vez, sem pecado".
d) Miqueias 7.19: "Ele lançará todos os nossos pecados no fundo do mar".
e) Salmo 103.12: "Quanto está longe o Oriente do Ocidente, assim afasta de nós as nossas transgressões".

Na cerimônia do dia da Expiação, o bode degolado é tipo de Jesus crucificado e o bode levado ao deserto, tipo de Jesus levando em seu corpo os nossos pecados.

Oferta de Primícias (Lv 23.9-17)

Tipo de Jesus e significado do domingo.
Consistia em oferecer a Deus o primeiro molho de espigas de trigo da colheita. O israelita apanhava as primeiras espigas que amadureciam e entregava ao sacerdote, que movia o molho; simbolizava a entrega a Deus do melhor da vida e do próprio ser. E é tipo da ressurreição de Jesus Cristo porque "...agora Cristo ressuscitou dos mortos, e foi feito as primícias dos que dormem" (1 Co 15.20).
O dia em que se fazia oferta de primícias tem seu significado. "E ele moverá o molho perante o Senhor, para que sejais aceitos: ao seguinte dia do sábado o moverá o sacerdote" (v. 11). Assim as primícias só podiam ser apresentadas a Deus no domingo. Os homens discutem sobre o dia em que Jesus morreu, uns creem que foi na sexta-feira, outros que foi na quarta e outros que foi na quinta. Deus não se importa que não saibam ao certo.
Quanto à ressurreição, porém, Deus quer que ninguém tenha dúvida. Todos os quatro Evangelhos fazem referência ao *primeiro dia da semana* (Mt 28.1; Mc 16.2; Lc 24.1; Jo 20.1).
O Salvador só poderia ressuscitar no domingo, para cumprir o que estava predito pela figura da oferta de primícias.
Mas vem outro domingo. "Depois para vós contareis desde o dia seguinte ao sábado, desde o dia em que trouxerdes o molho da oferta movida: sete semanas inteiras serão. Até o dia seguinte ao sétimo sábado, contareis cinquenta dias: então oferecereis nova oferta de manjares..." (vv. 15,16). Havia uma cerimônia das primícias no domingo (v. 11) e outra, com nova oferta de manjares, que queria dizer consagração ou comunhão, noutro domingo (v. 16).
Este espaço de cinquenta dias (v. 16) era chamado *Pentecoste*, que quer dizer *quinquagésimo*. Era a mesma coisa observada cinquenta dias depois da Páscoa. Portanto, o Pentecoste era no domingo. A descida do Espírito Santo para habitar com a Igreja, cumprindo a promessa de Jesus, foi no domingo (Atos 2). Aqueles acontecimentos marcaram o começo da Igreja. Antes Jesus dizia: "edificarei minha igreja" (Mt 16.18b). No Pentecoste, quando desceu o Espírito Santo, começou a existir.

As Ofertas de Levítico, Jesus como Redentor

A oferta de Primícias era feita no domingo, no dia seguinte ao sábado (Lv 23.11). É tipo da ressurreição de Jesus Cristo (1 Co 15.20), fato que se deu, segundo o testemunho dos quatro evangelistas, no *primeiro dia da semana*.

A oferta de Manjares, que servia de complemento à de Primícias, também vinha no domingo, "...no dia seguinte ao sétimo sábado..." (Lv 23.16a). Era tipo do Espírito Santo que desceu no dia de Pentecoste, também no domingo (At 2).

O domingo aparece pela primeira vez no livro de Levítico, livro da Santidade, prefigurando a ressurreição de Jesus e a vinda do Espírito Santo. Por isso os cristãos consideram santificado o domingo.

Capítulo 7

As Noivas do Antigo Testamento e a Igreja de Jesus Cristo

"*...vindas são as bodas do Cordeiro, e já a sua esposa se aprontou*" *(Ap 19.7b).*

A Igreja de Jesus Cristo é o conjunto de pessoas salvas por Ele, a totalidade dos pecadores de todas as condições, que o aceitaram pela fé, como Salvador pessoal.

Para formar esta Igreja Ele foi pregado na cruz, pagando o preço da redenção e abrindo o caminho para o Céu. Os salvos são chamados ovelhas e Ele é o Bom Pastor. Seu amor para com a humanidade foi tão grande, que o fez passar pelo sacrifício do Calvário. Descrevendo o amor de Jesus Cristo para com a Igreja, o Espírito Santo usou a ilustração do amor conjugal. Os deveres conjugais são resumidos nas palavras: *mulheres, obedecei; maridos, amai*. São mencionados em Efésios 5.23,25, comparando com Cristo e a Igreja.

"Porque o marido é a cabeça da mulher, como também Cristo é a cabeça da Igreja: sendo ele próprio o Salvador do corpo". "Vós, maridos, amai vossas mulheres, como Cristo amou a Igreja, e a si mesmo se entregou por ela, para a santificar, purificando-a com a lavagem da água, pela palavra".

Quando Jesus Cristo aparecer com o título de Fiel e Verdadeiro (Ap 19.11), esmagará o poder do Anticristo e do Falso Profeta, lançando-os no lago de fogo e enxofre (Ap 19.20) e começará uma nova era. Então se realizará o que João viu: "...a santa cidade, a nova Jerusalém, que de Deus descia do céu, adereçada como uma esposa ataviada para seu marido" (Ap 21.2). Era o complemento da mensagem apresentada antes pela grande multidão, dizendo: "...vindas são as bodas do Cordeiro, e já a sua esposa se aprontou" (Ap 19.7b).

A Igreja é a noiva de Jesus Cristo e a união dos salvos com Ele, na Glória, se chama bodas do Cordeiro.

Algumas noivas e esposas do Antigo Testamento servem de tipo à Igreja, porque têm semelhança com ela na história da formação.

Eva (Gn 2.18-24)

Foi feita para ser a esposa de Adão como a Igreja é a esposa do segundo Adão: Jesus Cristo.

O elemento de que foi formada — saiu do lado ferido de Adão. A Igreja teve sua origem no sofrimento de Jesus que literalmente foi traspassado por uma lança. Foi tirada a costela donde ela (Eva) veio, durante um sono profundo de Adão. O sono ali é símbolo da morte de Jesus.

Rebeca (Gn 24)

O servo de Abraão deu testemunho da bênção de Deus sobre seu senhor (vv. 1,34,35). A chamada de Rebeca é, assim, associada à bênção. Abraão foi abençoado muitíssimo por Deus e deu tudo que possuía na velhice a seu filho Isaque. Agora procurava esposa para o filho, cujas bênçãos e riquezas seriam igualmente da esposa. Rebeca era convidada para ocupar este lugar, ser dona daquela riqueza, porém não tinha visto Isaque nem seus bens. Precisava crer nas informações do servo. Ela creu e decidiu ir com ele, deixando sua terra, seus parentes e tudo que tinha ali. "...Ela respondeu: Irei" (v. 58).

O Espírito Santo, como o servo de Abraão, está informando que o noivo celestial é herdeiro de toda a glória e quer dar esta gloriosa herança a quem acreditar em sua mensagem. O pecador que crer neste convite, que decidir abandonar tudo para se encontrar com Jesus, formará com os irmãos na fé, a Igreja gloriosa, a noiva de

As Noivas do Antigo Testamento e a Igreja de Jesus Cristo

Cristo. É só dizer como Rebeca: "Irei". Rebeca está relacionada com a palavra *decisão*.

Raquel

A história de Raquel é diferente das outras. Para recebê-la, o noivo, Jacó, teve de sofrer humilhação e trabalho penoso. Cristo, "...sendo rico, por amor de vós se fez pobre", humilhou-se como servo para nos dar sua graça.
Aquele caso da vida de Jacó lembra o amor de Deus a Israel. "Eu vos desposarei" (Jr 3.14). "Tu serás meu marido" (Os 2.16,20).
Tratando-se da Igreja, que somos nós, Deus "...nos abençoou com todas as bênçãos espirituais nos lugares celestiais em Cristo" (Ef 1.3).
Jesus Cristo amou a sua Igreja e, para realizar seu propósito, teve de enfrentar o sofrimento, receber o castigo exigido pela justiça; e finalmente levar para si a noiva glorificada. Raquel inspira o *reconhecimento* deste grande amor.

Asenate (Gn 41.45)

Desconhecida antes, foi escolhida por iniciativa de Faraó para ser a esposa de José. Não pertencia ao povo hebreu. José foi levado à posição de governador do Egito, recebeu o título de Salvador do mundo e precisava de uma esposa. Ela foi designada por ordem do rei, dependeu somente da livre determinação do mais poderoso.
A história de Asenate é o contrário da de Rebeca, que teve de decidir. Asenate simplesmente foi escolhida, Rebeca ilustra a parte que temos na salvação, a fé, a decisão. Asenate ilustra a parte de Deus, sua soberania, ...pela graça sois salvos, por meio da fé..." (Ef 2.8); *pela graça* (a parte de Deus), Asenate foi objeto da graça do rei. *Pela fé* (a nossa parte), Rebeca creu, escolheu, decidiu.
Casada com José, ela produziu dois filhos, cujos nomes expressam nossa vida de união a Cristo (Gn 41.50-52).
Manassés — que faz esquecer — "...esquecendo-me das coisas que atrás ficam... Prossigo para o alvo..." (Fp 3.13b,14a).
Efraim — duplamente frutífero — "...somos mais do que vencedores, por aquele que nos amou" (Rm 8.37b).
A história de Asenate fala ao crente de *humildade. Cristo fez tudo.*

Sombras, Tipos e Mistérios da Bíblia

Rute

Precisava de um remidor. A herança de seu marido estava empenhada. Era necessário que alguém pagasse um preço para poder a herança voltar à família. Rute abraçou a religião de Deus. Quando Noemi aconselhou a voltar para os seus parentes, ela declarou: "...o teu povo é o meu povo, o teu Deus é o meu Deus" (Rt 1.16c). Daí por diante se dedicou a viver para fazer beneficência a Noemi. Neste pensamento foi que ela deixou sua terra e veio peregrinar em Israel, onde foi apanhar as sobras da ceifa de trigo que eram deixadas para os pobres. Lá encontrou o remidor Boaz, cujo nome quer dizer *força*. (Também Boaz era o nome da coluna esquerda do Templo de Salomão — 1 Reis 7.21b). Este remidor era de Belém e pertencia à tribo de Judá, de quem viria o rei prometido.

Foi protegida e abençoada pelo remidor, que resgatou a herança da família e casou com ela. Nascendo-lhe o filho, tornou-se Rute ascendente de Jesus (Mt 1.5a).

A Igreja foi redimida por um poderoso (como o nome de Boaz), que nasceu em Belém e é o Rei prometido. Pagou Ele o preço de resgate para ter a Igreja como esposa gloriosa.

Quem faz parte da Igreja, creu na religião de Deus, como Rute, e deve fazer a beneficência. "E vós, irmãos, não vos canseis de fazer bem" (2 Ts 3.13). Rute lembra a *gratidão* do crente.

Abigail (1 Sm 25.39-42)

Nabal, o marido de Abigail, "...era duro e maligno nas obras..." (1 Sm 25.3b). Os companheiros de Davi protegeram os pastores de Nabal várias vezes. Agora Davi precisou pedir alguma coisa a Nabal e recebeu resposta dura da parte dele. Davi ficou indignado e resolveu tomar vingança diante de tal ingratidão. Mandou que os servos se armassem e marchou com eles para destruir Nabal. É aí que aparece Abigail, mulher "de bom entendimento e formosa" (v. 3b), que pacientemente suportava Nabal, esperando em Deus, e resolveu servir de pacificadora.

Perseguido por Saul, Davi não foi vingativo, antes entregou tudo a Deus. No caso de Nabal, ficou irado, e ia cometer uma imprudência. Abigail lembrou que ele "...guerreia as guerras do Senhor..." (v. 28b); assim aquele ato de vingança era contrário à sua missão. Davi

As Noivas do Antigo Testamento e a Igreja de Jesus Cristo

era herdeiro de um reino, o azeite da unção foi derramado em sua cabeça. Um pouco de alimento negado por Nabal tinha pouco valor. Davi reconheceu que a palavra de Abigail era mandada pelo Senhor (v. 32) e atendeu o pedido, deixando Nabal por conta de Deus, que daí a poucos dias o matou.

Depois da morte de Nabal, Davi fez-lhe uma proposta de casamento, ao que ela respondeu: "...Eis aqui a tua serva servirá de criada para lavar os pés dos criados de meu Senhor" (v. 41b).

A Igreja de Cristo é pacificadora. "Bem-aventurados os pacificadores, porque eles serão chamados filhos de Deus" (Mt 5.9). Pacificador é quem leva a paz onde ela não se acha.

Ainda quem pertence à Igreja tem de cultivar o amor fraternal. "...servi-vos uns aos outros pela caridade" (Gl 5.13b).

Abigail é exemplo, levando a paz e servindo aos outros.

Sulamita (Ct 6.13)

O livro de Cantares é uma alegoria sentimental. O coração da amada descansa no afeto do amado.

Quando Jesus disse: "Qualquer que beber desta água tornará a ter sede" (Jo 4.13b), está se referindo ao pensamento do livro de Eclesiastes. Quando disse: "Mas aquele que beber da água que eu lhe der nunca terá sede" (Jo 4.14a), refere-se a Cantares.

A moça amava a um pastor ausente (1.10-13). Confiava nele (1.16). Um dia aparece um cortejo na estrada. Era o rei que mandava buscá-la (3.7-11). Seu pastor era o rei Salomão.

Os judeus dizem que é uma alegoria do amor de Jeová. O noivo é o Messias, o Rei, e a noiva é a nação israelita. Os Cristãos dizem que o noivo é Jesus Cristo e a noiva é a Igreja. Devocionalmente, o noivo é Jesus e a noiva, minha alma. Não há no Antigo Testamento um símbolo tão completo da Igreja e da alma remida pelo sangue de Jesus, como a Sulamita.

Sulamita é a forma feminina de Salomão. Quer dizer pacífica, como Salomão é pacífico.

A maior necessidade do crente é pensar em Jesus Cristo, lembrando-se de seu amor, este poder que nos une à sua pessoa e não suporta separação. Geralmente esquecemos este aspecto de nossa união com Ele.

Sombras, Tipos e Mistérios da Bíblia

O noivo diz: "Volta, volta, ó Sulamita, volta, volta, para que nós te vejamos" (Ct 6.13a). A noiva está um pouco afastada e de costas. Ele usa a palavra *volta* quatro vezes. Lembra as palavras de Lucas 10.27b: "Amarás ao Senhor teu Deus de *todo o teu coração, de toda a tua alma, de todas as tuas forças, e de todo o teu entendimento*".

Sulamita lembra a necessidade de *avivamento*.

Capítulo 8

Símbolos do Espírito Santo

"...O Espírito penetra todas as coisas, ainda as profundezas de Deus" (1 Co 2.10b).

O Espírito Santo é a terceira pessoa da Trindade. Em várias passagens da Bíblia aparece junto com as outras duas.
"Eu rogarei ao Pai, e Ele vos dará outro Consolador..." (Jo 14.16a).
"...batizando-as em nome do Pai, e do Filho, e do Espírito Santo" (Mt 28.19b). "A graça do Senhor Jesus Cristo, e o amor de Deus, e a comunhão do Espírito Santo seja com vós todos..." (2 Co 13.13).
Como pessoa divina, a sua obra em benefício dos crentes é:

a) CONSOLAR — foi chamado por Jesus, consolador (Jo 14.16);
b) CONVENCER do pecado, da justiça e do juízo (Jo 16.8);
c) ENSINAR todas as coisas (Jo 14.26);
d) HABITAR em nós (Jo 14.17);
e) INTERCEDER por nós (Rm 8.26);
f) DAR FRUTO (Gl 5.22,23);
g) SANTIFICAR (2 Ts 2.13; 1 Pe 1.2).

Deveres para com o Espírito Santo:

Sombras, Tipos e Mistérios da Bíblia

a) "...Enchei-vos do Espírito Santo" (Ef 5.18b).
b) "Não entristeçais o Espírito Santo..." (Ef 4.30a).
c) "Não extingais o Espírito" (1 Ts 5.19).

Muitas coisas conhecidas servem de ilustração à atividade do Espírito Santo. Sua operação é apresentada no Novo Testamento por meio de vários símbolos:

Óleo

Era o mesmo azeite de oliveira usado para ungir a tenda da congregação, os objetos sagrados e os sacerdotes para realizarem seu serviço. Com esta unção eram considerados santificados (Êx 30.25-30).

Quando o rei era investido no seu posto, recebia também a unção do azeite sagrado (1 Sm 10.1; 16.13).

O óleo era usado no castiçal com a finalidade de produzir luz (Êx 27.20). Assim o óleo representa a luz para alumiar a Casa de Deus e seu povo.

Como alimentação, tinha grande importância, se vê na história da viúva de Sarepta, que tendo em casa farinha e azeite, podia enfrentar três anos de seca (1 Rs 17.12-14).

Ainda o óleo era empregado como remédio. O bom samaritano aplicou azeite e vinho nas feridas do homem que encontrou na estrada (Lc 10.34). Isaías compara a condição de pecado a feridas e chagas, que não foram amolecidas com óleo (Is 1.6).

O Espírito Santo ungiu a JESUS para realizar seu ministério (Is 61.1; Lc 4.18) e por meio dele somos agora ungidos por Deus "...o que nos ungiu, é Deus, o qual também nos selou e deu o penhor do Espírito em nossos corações" (2 Co 1.21b,22). Como o sacerdote ungido com óleo se santificava, nós somos santificados pelo Espírito Santo (1 Pe 1.2). O óleo era alimento e remédio, o Espírito Santo nos fortalece e dá poder. Igualmente a unção representa a luz de Deus, para crescer no conhecimento da sua vontade. "E a unção, que vós recebestes dele, fica em vos... como a sua unção vos ensina todas as coisas..." (1 Jo 2.27).

Água

A água tem a função de matar a sede, lavar o sujo e alimentar as plantas. Traz vida e limpeza. Como a água faz as plantas produzirem

Símbolos do Espírito Santo

o seu fruto, o Espírito Santo faz o crente produzir os frutos espirituais, que podem ser compreendidos como as bênçãos que alcançam outras pessoas. "...serás como um jardim regado, e como um manancial, cujas águas nunca faltam" (Is 58.11b).

Para santificar nossas vidas o Espírito Santo age como a água. "... espalharei água pura sobre vós, e ficareis purificados... e porei dentro de vós o meu espírito..." (Ez 36.25a,27a). Continuando a ideia da água, vêm, às vezes, as figuras de chuva, orvalho e rios. Deus quer derramar suas bênçãos em forma de chuva. "Pedi ao Senhor chuva no tempo da chuva serôdia" (Zc 10.1a). "Temamos agora ao Senhor nosso Deus, que dá chuva... a seu tempo... As vossas iniquidades desviam estas coisas" (Jr 5.24a,25b). Quando o crente está em pecado, o Espírito Santo se entristece e a bênção de Deus em forma de chuva deixa de vir. "...é tempo de buscar ao Senhor, até que venha e chova a justiça sobre vós" (Os 10.12b).

O orvalho é emblema da força do povo de Deus. "O teu povo se apresentará voluntariamente... será o orvalho da tua mocidade" (Sl 110.3).

Quando o povo de Deus está cheio do Espírito Santo, se apresenta voluntariamente para fazer tudo que for preciso no serviço do Senhor, demonstrando vida e paz, como orvalho que refresca e anima as plantas.

A abundância da graça de Deus é comparada aos rios. O justo é como a árvore plantada junto ao rio (Sl 1.3). Jesus disse: "Quem crê em mim, como diz a Escritura, rios d'água viva correrão do seu ventre. E isto disse ele do Espírito que haviam de receber os que nele cressem..." (Jo 7.38,39b).

Vento

"O vento assopra onde quer, e ouves a sua voz, mas não sabes donde vem, nem para onde vai; assim é todo aquele que é nascido do Espírito" (Jo 3.8). Como o vento que sopra em todas as direções, o Espírito Santo age de muitas maneiras. O vento pode ser entendido como o ar, que para encher um vaso ou um ambiente, é bastante que esteja vazio. O ar entra naturalmente.

Na exortação "Enchei-vos do Espírito Santo", a única coisa que o crente tem a fazer é esvaziar o seu coração de todo o pecado, dos maus hábitos e da negligência. Então o Espírito Santo o encherá completamente.

Na descida do Espírito Santo, no dia de Pentecoste, foi ouvido o som como de um vento impetuoso (At 2.2). Quando sopra o hálito do Senhor a erva se seca e caem as flores; e o povo é a erva (Is 40.7). O Espírito do Senhor veio dos quatro ventos e soprou sobre os ossos secos e eles reviveram (Ez 37.9,10). Pelo sopro do Espírito Santo, o pecador se convence e aceita Jesus, e o crente vence o pecado e se aproxima de Deus.

Selo

"...fostes selados com o Espírito Santo da promessa" (Ef 1.13b). "...O que nos ungiu, é Deus, o qual também nos selou..." (2 Co 1.21b,22a). O selo nos tempos bíblicos era uma marca que indicava a posse ou o direito. Pelo Espírito pertencemos a Deus. Pela aceitação de Cristo, pela fé, nos tornamos semelhantes a Ele. Somos amados de Deus como ele o é (1 Jo 3.1). Somos ungidos por Deus como ele o é (1 Jo 2.27).

O selo ou marca servia para tornar conhecido ou identificado aquilo que era selado. Deus conhece os que são dele porque têm o selo do Espírito Santo. "...O Senhor conhece os que são seus..." (2 Tm 2.19b). "Eu sou o Bom Pastor, e conheço as minhas ovelhas..." (Jo 10.14a). O Espírito Santo, como selo, serve de conforto para o crente, na certeza de que é conhecido pelo Pai dos Céus.

Penhor

O penhor significa prova ou garantia. É um objeto que se dá em segurança duma dívida. O Espírito Santo em nós é uma garantia, constitui uma segurança na vida espiritual, pela certeza das promessas de Deus. Ele é mesmo nosso Pai, e sua palavra é realidade, é vida, é poder. "O qual nos selou e deu o penhor do Espírito em nossos corações" (2 Co 1.22). "...o Espírito Santo da promessa. O qual é o penhor da nossa herança..." (Ef 1.13b,14a). O servo de Abraão deu a Rebeca jóias de ouro (Gn 24.22) que tinham o sentido de um penhor. Era uma prova de que a riqueza de Isaque pertenceria a Rebeca, se ela aceitasse a proposta. O crente aceitou pela fé a promessa de Jesus Cristo e recebeu

Símbolos do Espírito Santo

este penhor do Espírito Santo, como prova da riqueza de sua herança espiritual. "...E nisto conhecemos que ele está em nós: pelo Espírito que nos tem dado" (1 Jo 3.24b).

Fogo

O fogo representa a purificação e a penetração do Espírito Santo. No dia de Pentecoste, apareceram umas coisas como línguas de fogo sobre as cabeças dos crentes (At 2.3). O Espírito Santo convence, fazendo o pecador deixar o pecado e purificar sua vida. "...nosso Deus é um fogo consumidor (Hb 12.29). Este poder se manifesta pela operação do Espírito Santo.

Quando Isaías confessou que era homem de lábios impuros, a purificação veio pela figura do fogo de uma brasa (Is 6.5-7).

Pomba

"Viu o Espírito de Deus, descendo como pomba e vindo sobre ele" (Mt 3.16). A simplicidade das pombas ilustra a beleza espiritual e delicadeza do Espírito Santo. "...sede símplices como as pombas" (Mt 10.16b). Onde Ele domina, desaparece toda a malícia.

Quando o aspecto da terra era um caos, sem forma e vazia (Gn 1.2), "...O Espírito de Deus se movia sobre a face das águas" (v. 2b). O sentido desta frase "sem forma e vazia" é assolação. Naquele ambiente, o Espírito estava como uma ave sobre os ovos, chocando ou incubando, dando vida ao mundo.

O Espírito produz vida. Foi assim com os ossos secos da visão de Ezequiel (Ez 37.10) e será assim com os corpos das duas testemunhas (Ap 11.11).

Deus nos deu o seu Espírito para termos conhecimento e vida espiritual com abundância de poder (1 Jo 3.24; 4.3). O crente guiado pelo Espírito Santo tem a simplicidade das pombas, não procura salientar sua pessoa ou sua habilidade, dá toda honra e toda glória a Deus, que nos dá tudo.

Roupa

Quando Adão pecou, descobriu que estava nu, e procurou fazer uma roupa para cobrir sua nudez. Para isso preparou uma faixa de folhas de figueira. Ouvindo a voz de Deus, escondeu-se entre as árvores, porque teve vergonha de aparecer. A roupa que ele fez não servia. Uma roupa digna do ambiente do céu só o próprio Deus pode conceder. A nossa justificação pela graça de Deus é comparada à roupa (Sl 132.9; Ez 16.10; Ap 19.8). Jesus disse aos discípulos, falando do Espírito Santo, que seriam "revestidos de poder" (Lc 24.49b). Gideão teve de enfrentar inimigos mais fortes do que ele, e para isto "O espírito do Senhor revestiu a Gideão..." (Jz 6.34a). Revestido do Espírito é quem está de acordo com a vontade de Deus. "Se, todavia, estando vestidos, não formos achados nus" (2 Co 5.3). Alguém pode se envaidecer com seu programa de trabalho, suas opiniões e seu relatório de atividades e não estar de acordo com o Espírito Santo.

Os crentes de Laodiceia pensavam que não lhes faltava nada, mas Deus reprovou aquela Igreja e disse "Aconselho-te que de mim compres... vestidos brancos, para que te vistas, e não apareça a vergonha da tua nudez..." (Ap 3.18a).

O Espírito Santo nos Dois Testamentos

No tempo do AT, O Espírito Santo vinha sobre alguém para realizar um trabalho e em seguida se retirava. Assim aconteceu com Bazaleel, para fazer as obras de ouro, prata, cobre e pedras para o Tabernáculo (Êx 31.2-5). Com Sansão, para enfrentar um leão, ou para lutar contra os inimigos (Jz 14.6; 15.4). Com Saul, para profetizar no meio dos profetas (1 Sm 10.10).

Com a vinda de Jesus, Deus mandou o Espírito Santo habitar conosco e ficar em nós (Jo 14.17). A promessa foi cumprida no dia de Pentecoste. Antes o Espírito Santo ainda não fora dado (Jo 7.38,39).

Agora o Espírito Santo já nos foi dado (1 Jo 3.24) e habita em nós (Rm 8.11). Porque "...se alguém não tem o Espírito de Cristo, esse tal não é dele" (Rm 8.9b). Nos primeiros dias da Igreja, os crentes eram unidos, interessados na palavra de Deus e na oração. "E, perseveravam na doutrina dos apóstolos, e na comunhão, e no partir do pão, e nas orações" (At 2.42).

Estavam cheios do Espírito Santo (v. 4). E todos os dias havia conversões (v. 47).

A maior necessidade do crente é esta plenitude ou enchimento do Espírito Santo, recomendada em Efésios 5.18.

Símbolos do Espírito Santo

A plenitude do Espírito Santo traz primeiro o reconhecimento do próprio pecado, acentua o amor fraternal, promovendo a paz e a reconciliação entre irmãos, e produz amor pelas almas perdidas, incentivo para a evangelização. Surgem grupos e indivíduos nas igrejas proclamando-se cheios do poder do Espírito Santo, mas sem essas características. Jesus disse: "...pelos seus frutos os conhecereis" (Mt 7.20). Se alguém só acusa os pecados alheios, e não deixa os seus, produz a divisão entre as Igrejas, e para formar seus grupos tira os crentes das outras congregações em vez de ganhar almas do mundo, não mostra os frutos bons. Cumpre a profecia de Judas "os quais vos diziam que no último tempo haveria escarnecedores que andariam segundo as suas ímpias concupiscências. Estes são os que causam divisões, sensuais, que não têm o Espírito" (Jd vs 18,19). Quem, nos frutos, só apresenta divisões de igrejas e relatórios falsos é escarnecedor, sensual e não tem o Espírito, segundo as expressões de Judas, que já o denunciou. Para cultivar a espiritualidade, temos de começar deixando de entristecer o Espírito Santo, evitando toda a amargura, ira e malícia de nosso coração (ver Ef 4.30,31). Fazer festa "...não com o fermento da maldade e da malícia, mas com os asmos da sinceridade e da verdade" (1 Co 5.8). Então o Espírito nos encherá em toda a sua plenitude, e estaremos em condição de alcançar a bem-aventurança expressa nestas palavras: "Bem-aventurados os limpos de coração; porque eles verão a Deus" (Mt 5.8).

Muitos outros aspectos da pessoa e da obra do Espírito Santo aparecem nas Escrituras Sagradas. O crente poderá ter abundância de poder e paz, examinando e pondo em prática as passagens que tratam do assunto. Há muitos títulos e nomes dados ao Espírito Santo. Entre outros é: Espírito de vida (Rm 8.2); Espírito de Poder (2 Tm 1.7); Espírito de Graça (Hb 10.29).

Em Isaías 11.2 vêm mais sete nomes que correspondem aos "Sete Espíritos" de Apocalipse 1.4 e 3.1. O Espírito Santo distribui dons aos crentes, conforme ele quer, e para o que for útil (1 Co 12.4-11).

O fruto do Espírito (Gl 5.22) é um só, mas reúne nove virtudes que abrangem os deveres de gratidão a Deus, de amor ao próximo e de cuidado para com a própria pessoa. O Espírito Santo produz o fruto quando o crente está de acordo com Ele.

A condição é permanecer em Jesus, e a palavra de Jesus permanecer no crente (Jo 15.1-7). Noutro sentido, é acrescentar à fé: a virtude, a ciência, a temperança, a paciência, a piedade, o amor fraternal e a caridade (2 Pe 1.7,8). Praticando estas coisas ninguém será ocioso nem estéril no conhecimento de Jesus Cristo.

Capítulo 9

Três Árvores que Simbolizam Israel

"...*A vós vos é dado saber os mistérios do reino de Deus, mas aos que estão de fora todas estas coisas se dizem por parábolas*" *(Mc 4.11).*

Mais de cinquenta espécies de plantas são mencionadas nas Escrituras Sagradas, entre elas diversas possuem grande utilidade e encerram algum simbolismo.

O cedro foi tão comum em Jerusalém como as figueiras bravas (1 Rs 10.27). Isto aconteceu no tempo do rei Salomão que, em seus cânticos, falou desde o cedro do Líbano até o hissopo que nasce na parede. Dá a entender que era a maior ou mais importante árvore conhecida (1 Rs 4.33). O cedro é emblema da majestade ou força (Is 2.13). Naquele tempo do auge da grandeza de Israel, o cedro poderia ser o símbolo nacional. Em Ezequiel 17.22 e 23, referindo-se à restauração do reino, Deus diz que tirará um renovo do topo do cedro e o plantará em um monte alto.

Também o cedro pode ser tipo do justo que "...*crescerá como o cedro no Líbano*" (Sl 92.12b).

Depois do cativeiro, Israel ficou sem rei, sem independência política, perdeu a majestade e a soberania, não pôde mais ser representado pelo cedro altaneiro.

Há até um pensamento de que a árvore que servia de emblema aos judeus após o cativeiro era a murta. Quando a rainha Ester nasceu, recebeu o nome de *Hadassa*, murta, na língua hebraica, que é uma planta bem menor e de menos valor e utilidade do que o cedro. Significando a escolha deste nome, que o povo judeu estava em condição humilhante. Todavia a murta dava uma flor branca bem linda em forma de estrela. Por isso a moça, quando foi elevada ao reino, passou a ser chamada Ester: estrela de grande beleza.

Quando fizeram a festa das cabanas no tempo de Neemias, foram usados ramos de murta (Ne 8.15). Nas visões de Zacarias, aparece um cavaleiro entre as murtas num lugar sombrio (Zc 1.8). O povo judeu estava em lugar sombrio ou vale, que queria dizer humilhação, e estava entre as murtas, outro aspecto de sua decadência.

Na linguagem do Novo Testamento, Jesus Cristo e depois o apóstolo Paulo usam como símbolo de Israel três outras árvores, a saber: a videira, a figueira e a oliveira.

Aparecem as três juntas no cântico de Habacuque (Hc 3.17).

A videira é símbolo dos privilégios espirituais de Israel, a figueira, dos privilégios nacionais, e a oliveira, dos privilégios religiosos.

A Videira

É um arbusto bem conhecido pela produção de uvas, cultivada desde os tempos antigos e mencionada muitas vezes nas Escrituras. Noé plantou uma vinha (Gn 9.20). Existia no Egito (Gn 40.9) e em Canaã (Dt 8.8). O tempo da vindima inspirava regozijo e festas (Jz 9.27; Jr 25.30).

A mesma figura de Israel às vezes é expressa pela videira, outras vezes pela vinha. Em linguagem figurada, é a nação de Israel mencionada como parábola em Salmo 80.8-16. Deus trouxe uma vinha do Egito e plantou numa terra, cujas nações foram lançadas fora (v. 8). Sob a direção de Moisés o povo foi liberto da escravidão do Egito e, comandado por Josué, venceu os povos de Canaã.

Fez com que suas raízes se aprofundassem, seus ramos se tomassem como cedros e chegassem até o mar (vv. 9-11). Tornou-se um reino próspero com a sabedoria e a grandeza de Salomão. Aparece também a parábola da videira em Isaías 5.1-7, apelando para o concerto que Deus fez com os pais quando os tirou do Egito. "...julgai, vos peço,

Três Árvores que Simbolizam Israel

entre mim e a minha vinha. Que mais se podia fazer à minha vinha, que eu lhe não tenha feito? e como, esperando eu que desse uvas, veio a produzir uvas bravas?" (Is 5.3b,4).

Israel foi escolhido por Deus para tornar conhecida a lei de Deus aos outros povos. Sua missão era servir de exemplo, de testemunho às nações que não conheciam a vontade do Senhor. "E ser-me-eis santos, porque eu, o Senhor, sou santo, e separei-vos dos povos, para serdes meus" (Lv 20.26).

A responsabilidade de Israel era ser fiel a Deus, conservar o testemunho da santidade de Deus, do poder, da justiça e da misericórdia, para que os pagãos incrédulos conhecessem a palavra de Deus, que lhe foi confiada primeiro (Rm 3.1,2).

Os judeus falharam nesta missão, "produziram uvas bravas" (Is 5.4b); em vez de justiça, praticaram opressões, caíram na idolatria, indo a uma condição de que Deus disse: "... andaram após deuses estranhos para os servir". "Segundo o número das tuas cidades, foram os teus deuses, ó Judá" (Jr 11.10b,13a).

Como resultado, veio o castigo, cumprindo-se as predições de Deuteronômio 28 e dos profetas, especialmente Jeremias.

Vieram os exércitos da Assíria contra Samaria e de Babilônia contra Jerusalém, destruíram as cidades, os muros e o Templo e levaram para suas terras o restante do povo como cativo. Acabou-se a glória do povo de Israel. É o que significa a expressão: "O javali da selva a devasta, e as feras do campo a devoram" (Sl 80.13). Deus mesmo declarou: "...tirarei a sua sebe, para que sirva de pasto..." (Is 5.5b) e "...já não há uvas na vide..." (Jr 8.13b).

Jesus Cristo pronunciou uma parábola para os judeus nos mesmos termos daquelas do Salmo 80 e Isaías 5. Um homem plantou uma vinha, tomou todas as providências de proteção e segurança e arrendou-a a uns lavradores. Estes, no tempo de dar conta dos frutos, espancaram uns servos, mataram outros e por fim mataram o próprio filho do proprietário (Mt 21.33-39).

Os judeus espancaram e mataram os profetas e crucificaram o Filho de Deus. Então Jesus perguntou "...O Senhor da vinha, que fará àqueles lavradores?" E eles responderam: "...Dará afrontosa morte aos maus, e arrendará a vinha a outros lavradores, que a seu tempo lhe deem os frutos... Portanto eu vos digo que o reino de Deus vos será tirado, e será dado a uma nação que dê os seus frutos" (Mt 21.40b,41b,43).

"...Como a videira entre as árvores do bosque, que tenho entregado ao fogo para que seja consumida, assim entregarei os habitantes de Jerusalém" (Ez 15.6b). Cumpriu-se de um modo mais detalhado, espiritualmente, em Atos 13.46b "...Era mister que a vós se vos pregasse primeiro a palavra de Deus; mas, visto que a rejeitais, e vos não julgais dignos da vida eterna, eis que nos voltamos para os gentios". Todavia a promessa feita a Abraão de abençoar sua descendência permanece no plano de Deus. Na mesma figura da videira (Ez 17.1-10, 22-24), referindo-se a Israel, Deus acrescenta a figura do cedro, que representa majestade, prometendo fazer reverdecer a árvore seca.

A Figueira

Árvore originária do Oriente, é muito abundante na Ásia e na Europa.

Adão e Eva fizeram roupas de folhas de figueira (Gn 3.7) para esconder sua nudez, mas quando ouviram a voz de Deus, se esconderam. Aquela roupa não satisfazia.

Era costume oriental descansar debaixo da figueira, ato que significava paz e prosperidade. "...habitavam seguros, cada um debaixo de sua videira, e debaixo de sua figueira..." (1 Rs 4.25; Mq 4.4; Zc 3.10).

O fruto da figueira é comido fresco e pode ser conservado em forma de passas (1 Sm 25.18). Há no Antigo Testamento muitas referências ao uso da Figueira e seus frutos.

Servia o figo ainda de remédio, como no exemplo da doença do rei Ezequias, quando foi colocada na chaga uma pasta de figos e sarou (2 Rs 20.7). Foi usada também massa de figos para animar um moço desfalecido pela fome de três dias (1 Sm 30.11,12).

O vento derruba grande parte dos figos verdes "...como quando a figueira lança de si os seus figos verdes, abalada por um vento forte" (Ap 6.13b). Os que amadurecem são chamados temporãos (Mq 7.1 e Na 3.12).

Um quadro bem rico de imagens está em Cantares usando a figueira: "A figueira já deu os seus figuinhos" (Promessa de abundância) "as vides em flor exalam o seu aroma" (deleite, acompanhando a esperança de boa colheita), "levanta-te, amiga minha, e vem" (convite para um despertamento dirigido a quem espiritualmente está dormindo) — (Ver Mq 2.10 e Ef 5.14).

Três Árvores que Simbolizam Israel

Jeremias teve uma visão de dois cestos de figos. Um cesto tinha figos bons; e o outro, figos tão ruins que não se podiam comer. Os figos bons representavam os judeus fiéis, que iam para o cativeiro, mas Deus havia de trazê-los de volta para Jerusalém. Os figos maus eram os que acompanhavam o rei Zedequias na maldade e na desobediência a Deus, que seriam castigados, levados para Babilônia e destruídos por lá (Ver Jr 24.1-10).

Jesus avistou uma figueira perto do caminho por onde passava, dirigiu-se a ela procurando fruto e não achou senão folhas, então disse à figueira: "Nunca mais nasça fruto em ti". E a figueira secou imediatamente (Mt 21.19 e Mc 11.12-14). Foi como aquela geração dos judeus de seu tempo, que não produziu os frutos que Deus queria e foi destruída.

Quando os discípulos pediram um sinal da vinda de Jesus e do fim do mundo, Ele disse: "Aprendei pois esta parábola da figueira: Quando já os seus ramos se tornam tenros e brotam folhas, sabeis que está perto o verão" (Mt 24.3 e 32).

A figueira foi castigada com a destruição de Jerusalém no ano 70 d.C. pelo exército romano. Os judeus foram dispersos e ficaram sem Pátria durante quase dois mil anos. Ultimamente a *figueira* está reverdecendo. Em 1948 foi proclamado o Estado de Israel, e na guerra dos seis dias, em junho de 1967, o povo judeu reconquistou o território que formava a Palestina nos dias de Jesus Cristo. Dali para cá o progresso vai avançando a passos largos. Segundo a profecia de Jesus, "o verão está próximo" (Mt 24.32b).

A Oliveira

Árvore muito comum em toda a parte das terras mencionadas no Antigo Testamento. Seus frutos, esmagados, produziam o óleo ou azeite. Era símbolo de prosperidade e bênçãos divinas (Sl 52.8 e Jr 11.16). Tornou-se também o ramo de oliveira em emblema de paz. Tanto o óleo como a árvore se usavam na Festa dos Tabernáculos.

O azeite de oliveira era empregado de várias maneiras no ritual do culto judaico. Usava-se no Castiçal do Tabernáculo, servindo para alumiar. Fazia parte do óleo da unção (Êx 27.20; 30.24; Lv 24.2).

A oferta de manjares levava azeite (Lv 2.6; 23.13), lembrando a consagração ou a comunhão com Deus. O azeite era artigo importante como alimento (1 Rs 17.12,16; e 2 Rs 4.2-7).

Ainda servia de remédio. O samaritano aplicou, nas feridas do homem que encontrou moribundo, azeite e vinho (Lc 10.34).

Na santificação das coisas do Tabernáculo e na unção para exercer o ministério, usava-se azeite. Neste uso é símbolo do Espírito Santo, que nos santifica e unge para o testemunho de Jesus Cristo (ver Êx 30.29 e Lv 10.7).

A oliveira, como símbolo de Israel, vem na parábola apresentada por Paulo em Romanos 11.17-27. Os judeus são a boa oliveira (v. 24), os gentios são a oliveira brava ou zambujeiro (v. 17). Foram quebrados alguns ramos da boa oliveira e enxertados os da oliveira brava (vv. 17,19).

Os frutos da oliveira brava são pequenos e menos abundantes. Enxertando-se um ramo da boa árvore na oliveira brava, os frutos são melhores. Na alegoria de Paulo o processo foi diferente, os gentios, oliveira brava, foram enxertados na boa oliveira. Foi a bondade de Deus para com os gentios que fez isto. Recebemos assim a seiva que vem da raiz da boa árvore. "Se a raiz é santa, os ramos também o são" (v. 16).

A raiz da árvore judaica é Abraão. Deus disse a Moisés: "...Eu sou o Deus de Abraão, o Deus de Isaque e o Deus de Jacó..." (Êx 3.15b). Aparece como um Deus tríplice. Abraão é tipo de Deus Pai (Lc 16.22-25); Isaque é tipo de Deus Filho, especialmente na história do casamento (Gn 24); Jacó, pelo modo como foi guiado por Deus (Gn 28.15; 31.3; 32.24-30; 35.1; 46.2-4), lembra o ministério do Espírito Santo, que nos guia em toda a verdade (Jo 16.13).

A raiz é tríplice e proveniente de Deus. Se ela é santa, os ramos ligados a ela participam da santidade.

Os judeus e os gentios crentes em Cristo são iguais, filhos espirituais de Abraão, participam da raiz e dos frutos da boa oliveira de Deus, por Cristo que foi semente de Abraão.

O endurecimento ou cegueira de Israel "...até que a plenitude dos gentios haja entrado" (Rm 11.25b) — não está falando dos tempos dos gentios que é expressão profética com outro sentido (Lc 21.24). Aqui se refere aos gentios salvos pela pregação do Evangelho. Quando for salvo o último dos que Deus conhece, estará completo o número.

Três Árvores que Simbolizam Israel

Deus não rejeitou seu povo de Israel, não temos razão para considerá-los rejeitados; foram separados, mas os que não permaneceram na incredulidade serão enxertados (v. 23). "Se tu foste cortado do natural zambujeiro, e, contra a natureza, enxertado na boa oliveira, quanto mais esses, que são naturais, serão enxertados na sua própria oliveira" (Rm 11.24). Além do óleo, a madeira da oliveira que era utilizada pelos marceneiros estava nos objetos sagrados. Os querubins do Templo eram feitos de madeira de oliveira (1 Rs 6.23) e a porta do Santo dos Santos (1 Rs 6.31-33). Quer dizer que os judeus tomaram parte na fundação da Igreja de Jesus Cristo. Os apóstolos, colunas da Igreja, e os primeiros crentes eram judeus.

Capítulo 10

O Judeu e Jerusalém

"Assim diz o Senhor: Voltarei para Sião, e habitarei no meio de Jerusalém; e Jerusalém chamar-se-á a cidade da verdade, e o monte do Senhor dos Exércitos o monte de Santidade" (Zc 8.3).

O povo judeu tem um destaque especial na história e nas profecias das Sagradas Escrituras, de modo que qualquer pessoa que estude com sinceridade a Palavra de Deus ficará ao lado deste povo. "...eis que este povo habitará só, e entre as gentes não será contado" (Nm 23.9b).

A origem está em Gênesis, capítulo 12, quando Deus chamou Abraão. Dali até o fim do livro a narrativa se ocupa com os descendentes de Abraão: Isaque, Jacó e seus filhos. Nos quatro livros seguintes, é a obra de Moisés à frente do povo de Israel. Continua o povo judeu com Josué, os juízes, o reino, o cativeiro dos judeus, e, se aparece outra nação, é mencionada por causa de sua relação com o povo de Israel.

O tema das profecias é o mesmo povo — todos os profetas eram judeus, e as mensagens, com pequenas exceções, são dirigidas a Israel.

Na chamada de Abraão, Deus prometeu que sua descendência seria uma grande nação; e que seriam abençoados os que a abençoassem e amaldiçoados os que a amaldiçoassem (ver Gn 12.1-3). Também foi prometido por Deus que a terra de Canaã seria da semente de Abraão para sempre. "E te darei a ti, e à tua semente depois de ti, a terra de tuas peregrinações, toda a terra de Canaã em perpétua possessão, e ser-lhes-ei o seu Deus" (Gn 17.8).

"Pois contra Jacó não vale encantamento, nem adivinhação contra Israel..." (Nm 23.23a).

Ainda aparecem nos profetas referências a um futuro glorioso para o povo de Israel. Além de todos os profetas tratarem deste assunto, na epístola de Paulo aos Romanos, capítulo 11, aparece a distinção entre a Igreja de Jesus Cristo e os restantes de Israel (Rm 9.27) que hão de formar o Reino de Jesus Cristo, após o arrebatamento da Igreja (1 Ts 4.13-17), quando for destruído o Anticristo (Ap 19.11-21).

A influência dos judeus é muito significativa, pois foram eles que nos transmitiram as Escrituras do Antigo Testamento: "...Primeiramente, as palavras de Deus lhes foram confiadas" (Rm 3.2). Jesus declarou: "...a salvação vem dos judeus" (Jo 4.22b). Jesus era judeu, e os apóstolos também.

Deus considerou Israel como seu próprio povo. "E eu vos tomarei por meu povo, e serei vosso Deus..." (Êx 6.7). "...Israel não tem conhecimento, o meu povo não entende" (Is 1.3). E promete sua proteção de um modo bem expressivo, ao afirmar que quem persegue Israel, toca na menina do seu olho (Zc 2.8).

Estudando as referências bíblicas ao povo de Israel e à terra da Palestina, podemos encontrar muitas evidências da inspiração do livro de Deus. Para despertar a atenção, achamos mais interessante fazer primeiro um estudo sobre Jerusalém, a capital de Israel.

Jerusalém, Centro do Mundo

Jerusalém está no centro geográfico das nações da terra. Ocupa também um lugar central na história bíblica. É um tema bem saliente na mensagem dos profetas e nas profecias ainda não cumpridas. Foi ainda o berço do Cristianismo, o lugar onde se formou a Igreja de Jesus Cristo.

Os nomes
Jerusalém quer dizer: "Habitação da Paz".
Salém — *paz* — Era onde reinava Melquisedeque (Gn 14). É identificada como Jerusalém em Salmo 76.2.
Sião — Salmo 87.1 — Era uma das colinas onde está edificada Jerusalém — chamada "Sião monte Santo" (Sl 9.11; 76.2; Is 8.18) muitas vezes tem o sentido de toda a Jerusalém.

Jebus — (Jz 19.10) — "Lugar que é pisado"
Ariel (Is 29.1) — "Leão de Deus"
Lareira de Deus — (Is 29.1). [ARA]
Cidade de Justiça — (Is 1.26).
Cidade de Davi — (2 Sm 5.7) — (Belém também era a cidade de Davi — Lc 2.11).
Cidade Fiel — (Is 1.26).
Como tipo da Igreja tem ainda estes títulos:
Jerusalém Celestial (Hb 12.22).
Cidade do Deus Vivo (Hb 12.22).
Jerusalém que é lá de cima (Gl 4.26).
Cidade que tem fundamentos, da qual o artífice e construtor é Deus (Hb 11.10).
Santa Cidade, Nova Jerusalém (Is 48.2; Ap 21.2).

Posição Geográfica

Jerusalém fica no centro de Canaã, na linha divisória entre a região do rio Jordão e a costa do Mediterrâneo. É protegida ao oeste por montanhas, ao sul pelo deserto montanhoso, e circundada por vales profundos, possui uma posição natural quase inexpugnável. O local era ideal na antiguidade para uma cidade murada. Era um ponto chave para a difusão das bênçãos de Deus para as outras nações.

A cidade foi construída sobre quatro colinas: Sião, Acra, Moriá e Bezeta. Sião era o monte mais alto, foi a antiga fortaleza dos jebuseus, e ficava ao sudoeste da cidade. Ao norte de Sião ficava Acra. A parte da cidade sobre Acra era chamada cidade de baixo, e a parte sobre Sião, cidade de cima. Moriá ficava a leste de Acra, foi o lugar onde Isaque foi levado para ser sacrificado (Gn 22.2).

Era ali a eira de Araúna ou Ornã, o jebuseu (2 Sm 24.16-25), onde foi edificado o Templo de Salomão (2 Cr 3.1).

Bezeta, ao norte de Moriá, foi anexada à cidade pelo rei Agripa, o que julgou Paulo (At 26).

O vale de Josafá cerca Jerusalém por três lados, e por ele corre o ribeiro de Cedrom para o Oriente. O vale de Hinom fica ao sul e oeste. Ao sul do vale de Hinon, ficava o campo do Oleiro ou Campo de Sangue (Mt 27.3-8).

Sombras, Tipos e Mistérios da Bíblia

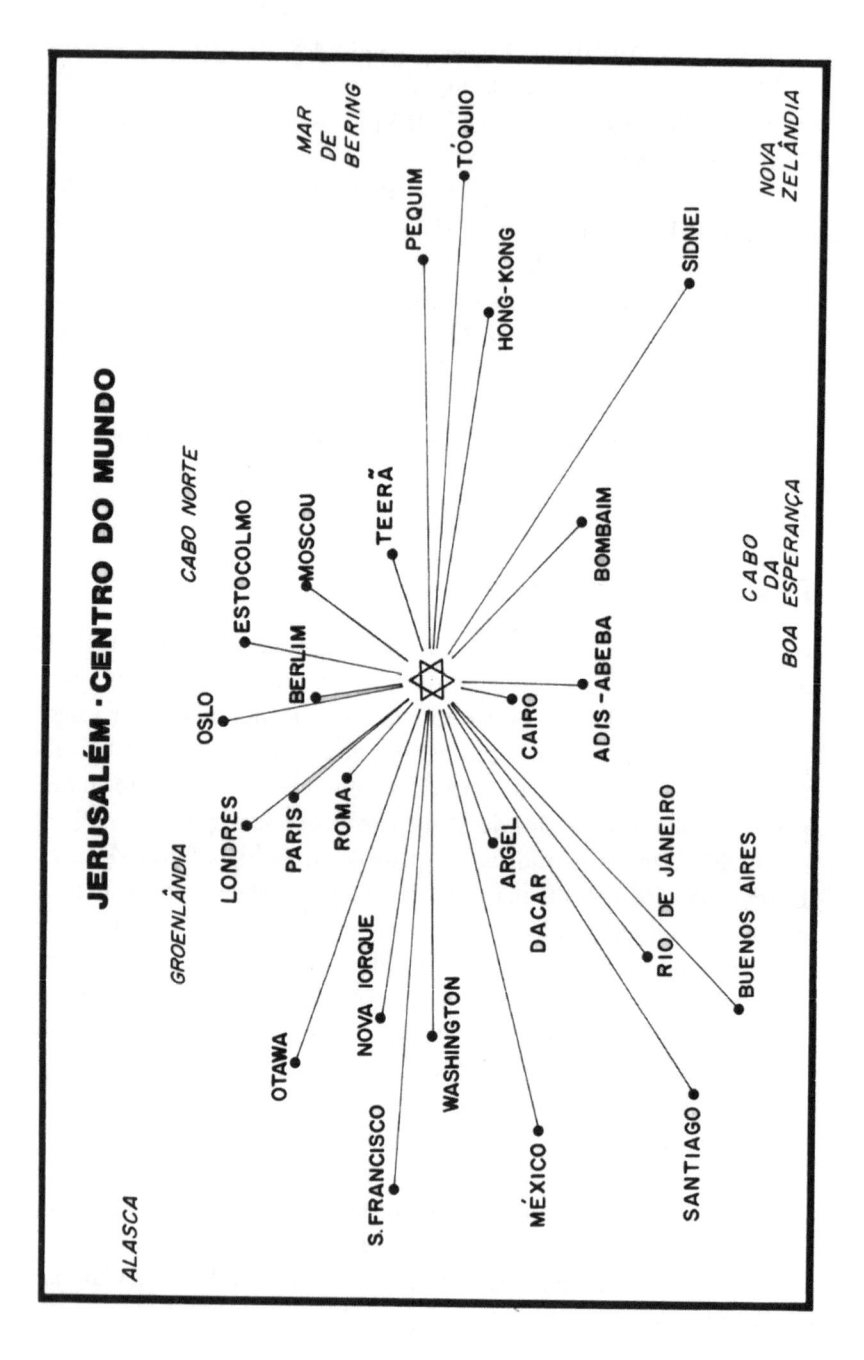

JERUSALÉM - CENTRO DO MUNDO

- MAR DE BERING
- TÓQUIO
- PEQUIM
- NOVA ZELÂNDIA
- HONG-KONG
- SIDNEI
- CABO NORTE
- ESTOCOLMO
- MOSCOU
- TEERÃ
- BERLIM
- BOMBAIM
- OSLO
- CABO DA BOA ESPERANÇA
- GROENLÂNDIA
- LONDRES
- PARIS
- ROMA
- CAIRO
- ADIS-ABEBA
- ARGEL
- DACAR
- NOVA IORQUE
- RIO DE JANEIRO
- OTAWA
- WASHINGTON
- BUENOS AIRES
- S. FRANCISCO
- MÉXICO
- SANTIAGO
- ALASCA

O Judeu e Jerusalém

A leste de Jerusalém, passando o vale de Josafá, fica o monte das Oliveiras, lugar bem destacado nos Evangelhos. Por mais de três mil anos, o vale de Josafá tem sido cemitério. Ali foram sepultados muitos milhares de cristãos, judeus e maometanos, nos dois lados do ribeiro de Cedrom.

Examinando-se qualquer planisfério, nota-se que Jerusalém divide a população do mundo em dois grupos mais aproximados do que qualquer outra cidade. Foi determinação de Deus: "Assim diz o Senhor Jeová: Esta é Jerusalém; pu-la no meio das nações e terras que estão ao redor dela" (Ez 5.5).

Quanto à divisão de terras, o meridiano da Grande Pirâmide é que melhor divide o mundo em duas partes, mas quanto aos povos, Jerusalém é que fica mesmo no meio.

História

Antes da chamada de Abraão, já estava lá Melquisedeque, sacerdote do Deus Altíssimo e rei de Salém, que é a mesma Jerusalém (Sl 76.2). O nome Jerusalém aparece pela primeira vez na Bíblia em Josué 10.1, onde reinava Adoni-Zedeque, que se uniu a outros quatro para lutarem contra Josué (vv. 3 a 5,10,11,26,27). O Senhor lançou grandes pedras contra eles, e foram vencidos.

Quando Josué repartiu as terras entre as tribos, Jerusalém ficou na herança de Judá, porém os filhos de Judá não puderam expulsar os jebuseus de Jerusalém (Js 15.63). Permaneceu com os jebuseus, e era chamada por eles Jebus (Jz 19.10). Davi, chegando ao reino, tomou Jerusalém dos jebuseus (2 Sm 5.6-9), vencendo-os na fortaleza de Sião. Dali em diante, Jerusalém ficou sendo a capital de Israel até hoje. O neto de Davi, Roboão, não soube atender ao povo, e causou uma divisão no reino de Judá, e continuou em Jerusalém. Quase 500 anos depois, em 586 a.C. Nabucodonosor destruiu Jerusalém e levou o restante do povo cativo para Babilônia. No tempo de Ciro, os judeus voltaram, e sob a liderança de Esdras e Neemias, reconstruíram o muro e o Templo. Jerusalém continuou como capital, mas Israel era colônia do Império medo-persa. Depois os gregos venceram e dominaram o mundo. Em seguida os romanos subjugaram os gregos e ficaram na liderança. Israel, como colônia, foi passando de um para outro domínio. Quando Jesus veio, os judeus o rejeitaram, condenaram-no à morte na cruz. Veio o castigo quando o exército romano, comandado por Tito, no ano 70 d.c. destruiu totalmente a cidade de Jerusalém, massacrou a população, e o que restou foi disperso pelo mundo. Entre 70 d.C. e o ano de 1917, Jerusalém foi reconstruída, cercada, atacada e destruída muitas vezes.

No Salmo 83, versículo 4, há uma expressão que tem sido em várias ocasiões o pensamento dos inimigos de Israel, que marcham para destruí-lo, esquecidos de que Deus o ampara.

"...Vinde, e desarraiguemo-los para que não sejam nação, nem haja mais memória do nome de Israel" (Sl 83.4).

Faraó, no tempo de Moisés procurou destruir aquele povo, mandando lançar no rio os meninos recém-nascidos, mas Israel saiu do Egito vitorioso para ir adorar o seu Deus (Êx 1.9-22; 14.21-23).

Hamã conseguiu que o rei Assuero assinasse um decreto, mandando exterminar todos os judeus. Na data marcada para o massacre, os inimigos foram mortos, e os judeus se apossaram de suas riquezas (Et 3 a 7).

Em Edom, o povo descendente de Esaú (Gn 36.1) usou de violência contra os israelitas, quando os babilônios tomaram Jerusalém. Ajudavam os babilônios, alegravam-se com a humilhação de Israel, exterminavam os que escapavam ou os que se entregavam aos inimigos (Ob, vv 10 a 14).

O Senhor pronunciou a sentença contra Edom: "Serás exterminado para sempre" e "ninguém mais restará da casa de Esaú" (Ob, vv 10 e 18).

No tempo de Jesus Cristo, os restantes dos edomitas eram chamados idumeus, e estavam juntos com os judeus. Depois da destruição de Jerusalém pelos romanos, desapareceram para sempre da história, enquanto os judeus vão em progresso.

Neste século já apareceu algumas vezes a ideia do Salmo 83.4, animando os povos do Oriente Médio a marchar contra Israel.

A história do povo judeu mostra que Deus realmente protege os descendentes de Abraão. Permaneceu a nação israelita durante quase dois mil anos, da destruição de Jerusalém em 70 d.C. até 1948, sem pátria, sem exército e sem organização, espalhada por todo o mundo, e sobreviveu a ponto de se estabelecer como nação. Só a intervenção divina poderia realizar isto. Jerusalém já foi atacada militarmente ou destruída 44 vezes e permanece viva e progressista. É que o próprio Deus a chama de "minha cidade" (Is 45.13b).

O Judeu e Jerusalém

Jerusalém nas Profecias

Na promessa de Deus a Abraão foi dito que aquela terra seria de sua descendência para sempre (Gn 13.13-16). Uma descendência é *terrestre* como o pó da terra (Gn 13.14-18); e outra *celestial* como as estrelas do céu (Gn 15.4,6). "...os que são da fé são filhos de Abraão" (Gl 3.7). Daí por diante, Deus considera aquela terra possessão dos israelitas.

Também foi feito por Deus um concerto com Davi acerca do reino, dizendo: "Porém a tua casa e o teu reino serão firmados para sempre diante de ti; teu trono será firme para sempre" (2 Sm 7.16).

Quando o povo caiu na idolatria, apesar de tantos avisos proféticos, Deus disse por intermédio de Jeremias: "E farei de Jerusalém montões de pedras, morada de dragões, e das cidades de Judá farei uma assolação, de sorte que fiquem desabitadas" (Jr 9.11). Esta profecia foi cumprida literalmente quando o exército babilônico destruiu Jerusalém (2 Rs 25.9-13; 2 Cr 36.15-21).

Pelo mesmo profeta Jeremias, foi dito que pela desobediência viria o castigo, os judeus iriam para Babilônia como servos, mas depois de setenta anos seriam trazidos por Deus para sua terra (Jr 25.9-13). No fim dos setenta anos, o rei Ciro ordenou a volta dos judeus para reedificarem a cidade e o Templo (2 Cr 36.23; Ed 1.2,3).

Na vinda de Jesus Cristo, os judeus não o receberam (Jo 1.11), não quiseram a proteção do Salvador (Mt 23.37); disseram: "Não temos rei, senão o César" (Jo 19.15c). Quando Pilatos apresentou Jesus com Barrabás para ser solto um dos dois, pediram que soltassem Barrabás e crucificassem Jesus (Mt 27.16-26).

Jesus fez várias predições para os judeus. "...vossa casa vos ficará deserta" (Mt 23.38). Acerca do Templo: "Não ficará aqui pedra sobre pedra que não seja derribada" (Mt 24.2b). E acerca de Jerusalém: "Mas, quando virdes Jerusalém cercada de exércitos, sabei então que é chegada a sua desolação. E cairão ao fio da espada, e para todas as nações serão levados cativos: e Jerusalém será pisada pelos gentios, até que os tempos dos gentios se completem" (Lc 21.20 e 24).

Quando o exército de Tito tomou Jerusalém, apareceu entre seus soldados uma lenda, dizendo que havia tesouros debaixo dos alicerces do templo, por isso arrancaram todas as pedras. Este fato é narrado por Flávio Josefo. Cumpriu-se o que Jesus disse: "Não ficará pedra sobre pedra..." (Mt 24.2b).

Sombras, Tipos e Mistérios da Bíblia

Ainda conta Flávio Josefo que, depois do massacre, os judeus que sobraram foram como cativos para Roma; a maior parte foi levada para a cidade do Cairo e oferecidos na praça pública. Poucos foram comprados, e um grande número não teve comprador. Cumpriu-se outra profecia pronunciada por Moisés: "E o Senhor te fará voltar ao Egito em navios... e ali sereis vendidos por servos e por servas aos vossos inimigos, mas não haverá quem vos compre" (Dt 28.68).

Estava predito que o rei entraria em Jerusalém montado num jumento (Zc 9.9). Embora o povo judeu tivesse rejeitado a Jesus, quando Ele entrou na cidade, a multidão aclamou o Rei Bendito, Filho de Davi, que vinha em nome do Senhor (Mt 21.8,9; Mc 11.8-10; Lc 19.37,38).

Essas profecias que já se cumpriram são uma evidência de que as outras acerca de Jerusalém e de Israel serão cumpridas literalmente.

Para o futuro há as seguintes predições dos profetas:

a) A volta dos judeus para sua terra.
b) O reino do Senhor em Jerusalém.
c) As nações indo a Jerusalém para receberem bênçãos de Deus.
d) Jerusalém como um copo de tremor e uma pedra pesada para ferir e despedaçar todos os povos.

Deus chama a terra de Israel: "minha terra" e a Jerusalém: "minha cidade". Seguem alguns versículos que afirmam este fato interessante nos estudos proféticos.

"...O Senhor elegeu a Sião; desejou-a para sua habitação..." (Sl 132.13).
"...chamar-te-ão a cidade do Senhor, a Sião do Santo de Israel" (Is 60.14c).
"Então os arrancarei da minha terra que lhes dei..." (2 Cr 7.20a).
"Eu o despertei (Ciro)... e ele edificará minha cidade" (Is 45.13).
"...quando nela entrastes, contaminastes a minha terra..." (Jr 2.7b).
"...no fim dos dias sucederá que hei de trazer-te contra a minha terra..." (Ez 38.16b).

A Volta de Israel para sua Terra

As passagens bíblicas apresentadas neste assunto são somente algumas, das inumeráveis referências à restauração do povo israelita. Estas dispensam comentário porque são pronunciadas numa linguagem mais clara possível.

O Judeu e Jerusalém

"...ajuntará os desterrados de Israel, e os dispersos de Judá congregará desde os quatro confins da terra" (Is 11.12).
"...e os farei voltar a esta terra, edificá-los-ei, e não os destruirei; e plantá-los-ei, e não os arrancarei" (Jr 24.6b).
"E vos tomarei dentre as nações, e vos congregarei de todos os países, e vos trarei para a vossa terra" (Ez 36.24).
"E removerei o cativeiro do meu povo Israel... E os plantarei na sua terra, e não serão mais arrancados da sua terra" (Am 9.14,15).
"E trá-los-ei, e habitarão no meio de Jerusalém..." (Zc 8.8a).
Na volta do cativeiro de Babilônia, não se cumpriram essas profecias.

O Senhor Reinará em Jerusalém

"...quando o Senhor dos Exércitos reinar no monte de Sião e em Jerusalém..." (Is 24.23). Quem olhar este versículo apressadamente pode pensar que se refere a Jerusalém Celestial. Mas esta aplicação não se harmoniza com as palavras do anjo que anunciou a Maria o nascimento de Jesus. Palavras do anjo acerca de Jesus: "...o Senhor Deus lhe dará o trono de Davi, seu pai. E reinará eternamente na casa de Jacó, e o seu reino não terá fim" (Lc 1.32,33).

Davi e Jacó morreram muitos séculos antes. Não existia mais o trono de um nem a casa de outro. Como poderia Jesus Cristo ocupar aqueles lugares na obra da Igreja?

A casa de Jacó é a terra que Deus deu por herança eterna aos seus descendentes, o povo de Israel. E o trono de Davi é em Jerusalém, que foi a cidade onde Davi se fortaleceu e manteve o seu trono. Jesus Cristo é descendente de Jacó e de Davi (Mt 1.1-2). O anjo afirmou que o Filho de Deus reinará em Jerusalém, e seu reino não terá fim. Entre as outras profecias confirmando o ponto referido, basta citar mais uma, de Zacarias. "...de todas as nações que vieram contra Jerusalém, subirão de ano em ano, para adorarem o Rei, o Senhor dos Exércitos..." (Zc 14.16).

Jerusalém Pedra Pesada

"Eis que porei a Jerusalém como um copo de tremor para todos os povos em redor... E acontecerá naquele dia que farei de Jerusalém uma pedra pesada para todos os povos; todos os que carregarem com ela certamente serão despedaçados..." (Zc 12.2,3).

Todos os países que perseguiram os judeus têm sofrido consequências bem penosas. Os exemplos mais conhecidos são: Espanha, Portugal e Alemanha.

Parece atualmente que todo mundo vive interessado no destino de Jerusalém. Muitas nações dedicam grande atenção à Palestina, por causa das grandes riquezas que existem ali. Os minérios existentes no mar Morto e no solo da Palestina são avaliados em trilhões de cruzados. Tornou-se assim uma região cobiçada. Os árabes, egípcios, ingleses, russos, americanos e outros povos procuram algum meio de tirar proveito, ou se apossarem dos tesouros da terra de Israel.

Como seus pensamentos são de ambição material, esquecem-se de que Deus disse: "farei de Jerusalém uma pedra pesada" (Zc 12.3a).

Todos os que pensaram em dirigi-la, militar ou politicamente, feriram as mãos e a cabeça. "O copo" faz ficar tonto; e "a pedra" machuca.

Em 1917, a 11 de dezembro, o exército inglês, comandado pelo general Allenby, tomou Jerusalém do poder dos turcos, e a Terra Santa ficou sob o protetorado inglês. Os judeus tiveram mais facilidade para voltar à sua terra, e foram comprando terrenos e se estabelecendo por lá. A Inglaterra pensava em tirar proveito material nesta posição. Surgiram problemas, e o Império Britânico, não podendo resolver, entregou a direção à Organização das Nações Unidas (ONU). A pedra pesada feriu as mãos dos ingleses.

Nas reuniões da ONU, foi Israel o assunto que gastou mais tempo, mais papel, mais tinta e mais energia.

Em 1947 foi votada uma partilha entre árabes e judeus, que serviu somente para agravar a situação. A resolução não satisfazia a ninguém.

Em 1948, a 14 de maio, foi criado o Estado de Israel, numa Assembleia da ONU, sob a presidência do brasileiro Oswaldo Aranha. Reaparecia a nação do povo de Deus.

Em 1949 o Estado de Israel foi aceito como membro da ONU, mas o problema não estava resolvido.

Ainda em 1949, a ONU resolveu que Jerusalém ficasse como cidade internacionalizada e administrada pela mesma ONU.

Em vez de resolver, a situação piorou. A Jordânia ocupava a parte antiga de Jerusalém, e os judeus a parte nova. Nenhum dos dois

O Judeu e Jerusalém

grupos concordou com isto, e a ONU não tinha forças para executar o que resolveu. A pedra é pesada para todos os povos. Ai de quem se esquece da palavra de Deus!

Quatro vezes já houve guerra contra Jerusalém entre 1948 e 1973. Cada vez que o Egito dá o brado de guerra, os povos árabes o acompanham para atacar Israel.

Em 1948 foi contra a existência do Estado de Israel; em 1956, para dominar o Canal de Suez; em 1967, foi nestes termos: "Vamos tirar Israel do mapa em vinte e quatro horas". Em 1973, quando no YOM KIPPUR ("dia do perdão" dos judeus) os egípcios atravessaram o canal de Suez, e dominaram a defesa de Israel.

Todas as quatro vezes, numa situação militar bem inferior, surpreendendo a todos os observadores, Israel venceu.

A guerra mais célebre destas quatro foi a de junho de 1967, porque ocupou mais espaço no noticiário dos jornais e dos rádios.

Os árabes e egípcios não se lembravam da predição do Salmo 83.4 e usaram o mesmo pensamento: "Vamos riscar Israel". Juntaram-se militarmente onze nações contra uma nação pequena. Eram mais de cem milhões de indivíduos contra menos de três milhões, que era a população dos judeus. Em seis dias, Israel venceu e conquistou terreno, alargando suas fronteiras e apossando-se do território que formava a Palestina no tempo de Jesus Cristo. A pedra era mais pesada do que os homens pensavam.

A tensão do Oriente é tão grande que atinge as outras nações.

Um missionário armênio, Rev. Samuel Doctorian, informou, em 1974, que, depois de 1967, já haviam se convertido mais de seis mil judeus, e mais de sete mil e quatrocentos foram da Rússia para Israel, apesar das dificuldades.

Os judeus dizem: "Jerusalém é nossa". Os árabes dizem: "Lutaremos até tomar Jerusalém"; cristãos e ortodoxos dizem: "Jerusalém é nossa". Continua o ódio entre sírios, egípcios e judeus.

As nações mais poderosas vendem armas aos dois lados para tirarem proveito, e agravam a situação. A pedra cada vez pesa mais.

Jerusalém, Berço do Cristianismo

Diversos acontecimentos relacionados com a redenção da humanidade tiveram lugar em Jerusalém.

117

a) Ali Abraão foi abençoado por Melquisedeque e deu-lhe o dízimo de tudo (Gn 14.19,20; Hb 7.1-7). Jesus Cristo é sacerdote segundo a ordem de Melquisedeque (Hb 5.10).
b) Na terra de Moriá, que era uma colina de Jerusalém no tempo dos reis, foi Isaque apresentado para ser sacrificado (Gn 22.1-4). Isaque é tipo de Jesus Cristo. A pergunta do versículo 7: "...onde está o cordeiro...?" foi respondida por João Batista (em Batara, no outro lado do Jordão): "...Eis o Cordeiro de Deus que tira o pecado do mundo" (Jo 1.29b).
c) Davi, o rei escolhido por Deus, tomou Jerusalém dos jebuseus e firmou ali o seu trono. Assim reinou em Jerusalém. Jesus Cristo há de reinar no trono de Davi (2 Sm 5.5-7; Lc 1.32).
d) O Templo foi construído por Salomão no monte Moriá, em Jerusalém (2 Cr 3.1). O Templo era a casa de Deus, representava sua presença. Nós os crentes somos o Templo de Deus: "...Porque vós sois o templo do Deus vivente..." (2 Co 6.16b).
e) Jesus foi crucificado e ressuscitou em Jerusalém.
f) Em Jerusalém desceu o Espírito Santo no dia de Pentecoste, produzindo quase três mil conversões num dia. Este acontecimento foi o começo da Igreja.
g) Jerusalém vem em primeiro lugar no campo onde os discípulos de Jesus teriam de evangelizar. "...ser-me-eis testemunhas, tanto em *Jerusalém*, como em toda a Judeia e Samaria, e até aos confins da terra" (At 1.8b).

Para o mundo político, Jerusalém é a pedra pesada que despedaça as mãos de quem procura se envolver com ela.

Para o crente, remido pelo sangue do Cordeiro de Deus, Jerusalém é o tipo da cidade celestial, onde não haverá guerra, nem pecado, nem sofrimento. Tudo ali é paz, gratidão e amor.

Capítulo 11

Numerologia I

"E até mesmo os cabelos da vossa cabeça estão todos contados" (Mt 10.30).

Os números na Bíblia são usados para revelar a sabedoria divina e a perfeição em todos os detalhes de suas obras. Além disto, o estudo dos números nas páginas sagradas traz lições devocionais em seu simbolismo. Nos alfabetos hebraico e grego, cada letra tem valor numérico, de modo que cada palavra tem um valor.

Os números mais relacionados com a obra de Deus são: 3,7,10 e 12. A estes é atribuída a ideia de perfeição.

— 3 é o número da perfeição divina.
— 7 é o número da perfeição espiritual.
— 10 é o número da perfeição comum ou ordinal.
— 12 é o número da perfeição governamental.

O número 12 está ligado ao governo dos céus. Há 12 constelações chamadas casas do sol, que são os 12 signos do Zodíaco. Aparentemente, o sol ocupa uma delas cada mês, assim elas dão os 12 meses do ano. O sol foi feito para governar o dia, e a lua para governar a noite (Gn 1.14; Sl 136.8 e 9).

O círculo celeste também é dividido em 360 graus (12x30).

Cada palavra da Bíblia tem um número, e cada número tem um significado. Deus conta as estrelas (Sl 147.4). "...deu peso ao vento, e tomou a medida das águas" (Jó 28.25).

Um — Unidade, número de Deus, causa, origem, identidade. Como cardinal indica *unidade*, e como ordinal significa *primazia*. Deus é a primeira causa, independente de tudo. "Há um só Deus, e um só mediador entre Deus e os homens..." (1 Tm 2.5).

Dois — Divisão, contraste, dependência, amor. Dois é o número mais usado na Bíblia. O hebraico tem singular, dual e plural. O dual indica dois, mas somente quando se completam, como no corpo: os dois braços, os dois pés, os dois olhos, etc. Na criação há luz e trevas; no mundo, terras e águas; no tempo, dia e noite; na eternidade, salvos e perdidos. Jesus enviou os apóstolos de dois em dois (Mc 6.7).

Três — Trindade, número de Deus, plenitude na unidade. O número três reúne as experiências da vida. Princípio, meio e fim. Pai, mãe e filho. Céu, mar e terra. Manhã, meio-dia e tarde. Direita, centro e esquerda. Na Bíblia houve: 3 filhos de Noé, 3 filhos de Levi, 3 amigos de Jó, 3 maestros de Davi, 3 livros de Salomão, 3 companheiros de Daniel. O tabernáculo tinha: Átrio, lugar Santo e Santíssimo; 3 metais: ouro, prata e cobre; 3 líquidos: sangue, água e azeite. Na tentação de Jesus, houve três propostas. Jesus fez uma ilustração de 3 pães e 3 alimentos (Lc 11.5-12). Três apóstolos acompanharam Jesus em 3 ocasiões especiais: Pedro, Tiago e João. Jesus é o caminho, a verdade e a vida. A inscrição da cruz de Jesus Cristo estava em três línguas: hebraico, grego e latim (Jo 19.19 e 20). No juízo divino, o pecador é contado, pesado e dividido (Dn 5.25-28). Permanecem três virtudes: fé, esperança e amor (1 Co 13.13).

Quatro — número do homem ou do governo do mundo. Há 4 pontos cardeais: Norte, Sul, Leste e Oeste; 4 estações do ano: primavera, verão, outono e inverno; 4 ventos (Jr 49.36; Ez 37.9); 4 confins da terra (Is 11.12b).

Na história do mundo houve 4 impérios mundiais: o babilônio, o medo-persa, o grego e o romano. No holocausto eram oferecidos quatro espécies de animais: novilho, carneiro, cabrito e pombos (Lv cap. 1). Ezequiel viu 4 criaturas a quem chamou querubins. João viu as mesmas 4 em Apocalipse capítulo 4. Na parábola do Semeador há 4 qualidades de terreno (Mt 13.1-13). Nas visões de Zacarias há: 4 cavaleiros, 4 ferreiros, 4 chifres, 4 carros, etc. A cidade de Damasco, considerada a mais antiga do mundo, soma, nas letras do seu nome, 444. Jesus Cristo foi feito por Deus: "sabedoria, justiça, santificação e redenção" (1 Co 1.30b).

Numerologia I

Cinco — Representa a graça de Deus protegendo o seu povo. Pode significar:

1 - Revelação de Deus

A Lei de Deus foi entregue a seu povo na forma de 5 livros que são chamados — *Pentateuco*. É tão importante a Lei que Davi se deleitava em meditar nela. Ali achava ele alimento, conforto, poder, sabedoria, etc. Naquela época, só existiam da Bíblia Sagrada os 5 livros do Pentateuco. Os príncipes das tribos de Israel ofereciam cada um, 5 carneiros, 5 bodes e 5 cordeiros (Nm 7.35).

2 - Santificação

O livro de Levítico, que trata da Santidade, traz no começo um cerimonial de 5 ofertas, que simbolizam tudo que Jesus Cristo realizou no Calvário. Os Salmos são divididos, no original, em livros, que correspondem aos 5 livros da Lei. Os livros poéticos do Antigo Testamento destacam a adoração a Deus, também são cinco. Para enfrentar o gigante Golias, Davi apanhou 5 pedras de um riacho. Jesus Cristo, para realizar a nossa redenção, recebeu 5 feridas: duas nas mãos, duas nos pés e uma no lado.

3 - Oportunidade

Para perceber o mundo exterior, Deus nos deu 5 sentidos. E os membros usados para os trabalhos práticos: as mãos e os pés, cada um termina em 5 dedos. O primeiro dos servos da parábola dos talentos recebeu 5 talentos para negociar com eles (Mt 25.25). Cada crente pode ter 5 possibilidades de servir a Deus, e não uma só. Um rapaz apresentado a Jesus por André entregou 5 pães, com que Jesus alimentou a multidão (Jo 6.9). Oportunidade perdida: O rico tinha 5 irmãos, e, quando estava na condenação, desejava evangelizá-los. Não foi possível. A oportunidade tinha passado (Lc 16.28).

Seis — Número do homem. Está relacionado com o trabalho, "seis dias trabalharás" (Êx 20.9). O mundo foi criado em 6 dias, e o homem foi feito no sexto dia (Gn 1.26-31). Por mais que o homem se esforce, nunca chega à perfeição do 7. Salomão, o rei de maior grandeza e sabedoria na terra, tinha um trono de 6 degraus.

A Estrela de 6 Pontas

A estrela de Davi, que vem na bandeira de Israel, como símbolo nacional, tem 6 pontas quando as outras estrelas têm cinco.

Os judeus dão algumas explicações sobre o significado daquela estrela: Uma delas diz que a estrela é formada de dois triângulos, um voltado para cima e o outro para baixo. O nome de Davi, no original, tem duas vezes a letra dálete, que corresponde ao nosso D. Esta letra dálete, na antiguidade, tinha a forma de triângulo. Davi no hebraico é DAVID. Quando Davi tomou dos jebuseus a fortaleza de Sião (2 Sm 5.7-9), tornou-a sua capital, e adotou como símbolo nacional esta estrela formada dos dois triângulos das letras de seu nome.

Precursores do Anticristo

O gigante Golias tinha 6 côvados de altura, e sua lança 600 siclos de ferro (1 Sm 17.4-7). A estátua de Nabucodonozor, 60 côvados de altura e 6 de largura (Dn 3.1). Golias e Nabucodonozor são precursores do Anticristo, cujo número é 666 (Ap 13.18). Golias desafiou os exércitos de Deus, e Nabucodonozor, com orgulho, procurou promoção para seu nome.

A Palavra "homem"

Há na Bíblia 6 palavras que significam *homem*. São 4 no hebraico e 2 no grego:

1. *Adam* ou Adão (Gn 1.26; 2.7; 3.24, etc.), que significa somente *homem*.
2. *Iche* (Zc 6.12), significa *varão completo, homem forte*.
3. *Enox* (Sl 8.4; 73.5), quer dizer *mortal, homem fraco*.
4. *Gehver* (Êx 10.11; Zc 13.7) é *homem de valor ou de prestígio*.
5. *Ântropos*, no grego, é igual a *Adam*, do *hebraico*.
6. *Âner*, no grego, é igual a *Iche*, do hebraico. É donde vem *André*.

Sete — Perfeição. Número sagrado do pacto de Deus com o homem. Três é o número de Deus. Quatro, o número do mundo. O pacto de Deus veio por Jesus. Deus + homem (3+4=7). Representa

Numerologia I

toda a perfeição do amor de Deus. Embora dois ou três venham mais vezes, os fatos bíblicos em que aparece o sete comumente impressionam mais ou atingem melhor a alma. Na antiga concordância de R. Young, que consultamos, há, salvo engano, 422 vezes a palavra sete. Além de mencionar a palavra, a Bíblia é cheia de pensamentos ligados ao sete. Num lugar vêm sete virtudes, noutro, sete promessas, e assim por diante. De modo que, muito além do vocábulo sete, muitas vezes vem a perfeição de Deus que ele representa, ou a revelação bíblica apresentada na base de sete.

As ideias expressas pelo sete são, especialmente: perfeição, plenitude, suficiência, consumação, obra completa, repouso.

Sete são as cores do arco-íris, e sete são as notas da escala musical.

Se fosse escrito tudo o que o número sete encerra, cremos que se aplicariam ao caso aquelas palavras do fim do Evangelho de João, "... cuido que nem ainda o mundo todo poderia conter os livros que se escrevessem" (Jo 21.25b).

São apresentadas a seguir algumas referências a sete coisas que vêm sete vezes, ou ainda revelações baseadas em sete.

Só o livro de Gênesis tem 50 vezes o número sete, Levítico 43 e Apocalipse mais de 40.

- 7 promessas foram feitas por Deus a Abraão (Gn 12.2 e 3).
- 7 bênçãos de Isaque a Jacó (Gn 27.28 e 29).
- 7 peças de roupa do sumo sacerdote (Êx 28.4,42).
- 7 objetos ungidos com óleo santo.
- 7 vezes ungidos com óleo santo.
- 7 vezes feita a unção de azeite no altar (Lv 8.10,11).
- 7º mês, quando era feita a expiação por todo o povo (Lv 16.29).
- 7 dias a festa dos tabernáculos (Lv 23.36).
- 7 sacerdotes tocavam as trombetas diante da arca na tomada de Jericó (Js 6.8).
- 7 dias comiam pães asmos, na semana da Páscoa (Êx 12.15; Dt 16.3; Ed 6.22).
- 7 vezes no dia o salmista louvava ao Senhor pela sua justiça (Sl 119.164).
- 7 mil permaneciam fiéis a Deus, quando a nação estava oficialmente na idolatria (1 Rs 19.18).
- 7 vezes cairá o justo, mas se levantará (Pv 24.16).

- 7 vezes maior será a luz do sol quando o Senhor livrar o seu povo (Is 30.26).
- 7 espíritos repousam sobre o Messias (Is 11.2; Ap 5.6).
- 7 vezes Jesus Cristo falou quando estava pregado na cruz (Lc 23.34).
- 7 olhos estavam sobre a pedra que é o mesmo Renovo (Jesus Cristo) (Zc 3.9).

Na visão que João teve de Jesus Cristo, tinha ele 7 espíritos, 7 olhos, 7 pontas, 7 estrelas, e estava no meio de 7 castiçais (Ap 1.13,16; 3.1; 5.6).

O livro do juízo de Deus era selado com 7 selos (Ap 5.1).

O juízo foi proclamado por 7 anjos com 7 trombetas (Ap 8.2).

Na execução do juízo, 7 anjos derramaram 7 taças da ira (Ap 15.7; 16.1).

- 7 bem-aventuranças se encontram no livro de Apocalipse.
- 7 pessoas foram chamadas por Deus com a repetição dos nomes, quatro no Antigo Testamento e três no Novo Testamento, sendo estas últimas por Jesus Cristo: 1) Abraão, Abraão (Gn 22.11); 2) Jacó, Jacó (Gn 46.2); 3) Moisés, Moisés (Êx 3.4); 4) Samuel, Samuel (1 Sm 3.10); 5) Marta, Marta (Lc 10.41); 6) Simão, Simão (Lc 22.31); 7) Saulo, Saulo (At 9.4). Para o crente não ser ocioso nem estéril na vida espiritual, Pedro recomenda 7 virtudes, para somar à nossa fé. "Acrescentai à vossa fé..." 1) Virtude; 2) Ciência; 3) Temperança; 4) Paciência; 5) Piedade; 6) Amor Fraternal; 7) Caridade (ver 2 Pe 1.5 a 7).

Quando o povo de Deus obedece à sua palavra, o inimigo o persegue por um caminho e foge por 7. Quando desobedece a Deus, persegue o inimigo por um caminho e foge dele por 7 (Dt 28.7b e 25).

A Palavra de Deus é purificada como a prata refinada 7 vezes (Sl 12.6).

O Novo Testamento é todo escrito num plano aritmético, baseado no número 7.

No começo deste século, um incrédulo desafiou "qualquer campeão da ortodoxia" para apresentar "fatos" provando a veracidade do Cristianismo. O desafio foi lançado pelo jornal diário "Sun" de Nova Iorque. No dia seguinte, foi enviado ao mesmo jornal a resposta de um servo do Senhor. Quem desafiou era um cidadão chamado W.R. Laughlin e o crente que respondeu tinha o nome de Ivan Panin. Esse Ivan Panin depois ficou conhecido como correspondente da revista "Things to Come", onde mantinha ele uma seção intitulada "Bible Numerics".

Numerologia I

Este caso foi publicado em português, na revista "O Semeador",editada em Coimbra, Portugal, no ano de 1910. Também foi transcrito num livrinho "Inspiração da Bíblia", do rev. Aureliano Alves de Jesus, pastor presbiteriano independente, edição de 1946.

Aqui vai a resposta de Ivan Panin ao incrédulo:
"Os primeiros 17 versículos do Novo Testamento contêm a genealogia de Jesus Cristo. São duas partes. Os versículos 1 a 11, a genealogia desde Abraão até o cativeiro. Os versículos 12 a 17, desde o cativeiro até Cristo. O vocabulário (no original) dos versículos 1 a 11 tem 49 palavras, 7x7. Destas, 42 (6x7) são substantivos e 7 não são. Dos 42 substantivos, 35 (5x7) são nomes próprios e 7 são nomes comuns. Dos 35 nomes próprios, 28 (4x7) são antepassados masculinos de Jesus e 7 não são.

"O grego não tem algarismo, as letras do alfabeto têm valores. A primeira letra vale 1 e a segunda vale 2, etc. Cada palavra grega tem um valor numérico.

"O vocabulário todo da genealogia tem 72 palavras. O valor numérico de todas estas palavras soma 42.364 ou 6.052 setes. Estas 72 palavras da genealogia ocorrem em 90 formas. Somando-se os valores numéricos das 90 formas dá 54.075 ou 7.725 setes.

"O trecho que segue a genealogia conta o nascimento de Jesus, nos versículos 18 a 25. Tem 161 palavras, 23x7. O vocabulário tem 77 palavras, 11x7 e estas 77 palavras ocorrem em 105 formas, 15x7.

"No trecho em que o anjo fala com José, o anjo usa 28 palavras, 4x7. Das 105 formas o anjo emprega 35,5x7.

"O valor aritmético do vocábulo é 52.605, 7.515 setes. O total do valor aritmético das 105 formas é 64.429, 9.347 setes. O segundo capítulo conta com a infância de Jesus. Tem 161 palavras, 23x7, que ocorrem em 238 formas, 34x7, e tem 896 letras 128x7. As 238 formas têm um valor numérico de 166.985, ou 23.855x7.

"Este capítulo tem, ao menos, quatro divisões e cada uma apresenta o mesmo fenômeno do capítulo todo. Os primeiros 6 versículos têm 56 palavras, 8x7, etc.

"No capítulo há vários discursos: Herodes fala, os magos falam, o anjo fala. Cada discurso é uma parte perfeita, formando um conjunto perfeito, na simetria aritmética do capítulo todo.

"Não há um só parágrafo no Evangelho de Mateus que não esteja formado neste plano. Além disto, cada parágrafo tem relação aritmética com o que precede e com o que segue. Assim, no último capítulo, ele emprega 7 palavras que não tinha empregado antes. No Evangelho há 140 palavras, 20x7, que não aparecem em nenhum outro livro do Novo Testamento. Mateus emprega 140 palavras que os outros não empregam. Como poderia ele saber que Marcos, Lucas, João, Tiago, Judas e Paulo não haveriam de usar estas palavras? Alguém poderia pensar que Mateus escreveu depois de todos. Acontece, porém, que Marcos mostra em seu Evangelho o mesmo fenômeno artimético".

No mesmo jornal "Sun", naquela época, o Sr. S. K. Waters chamou de falsificação o último trecho do Evangelho de Marcos (Cap. 16.9 a 20). E Ivan Panin respondeu:

"Este trecho tem 175 palavras, 25x7. Seu vocabulário tem 98 palavras, 14x7. Destas o Senhor Jesus emprega 42,6x7. Das 175 palavras ou formas das palavras, o Senhor Jesus emprega 56,8x7.

"Das 98 palavras do vocabulário, 84,12x7 foram usadas antes por Marcos e são empregadas só neste trecho 14,2x7. Marcos seria então outro milagre. Marcos também parece ter escrito por último.

"A não ser que Mateus e Marcos tenham sido guiados por uma inteligência infinita (o Espírito Santo de Deus foi o inspirador).

"Interessante é que Lucas apresenta o mesmo fenômeno do nº 7. Além disto, João, Tiago, Pedro, Judas e Paulo escreveram seguindo o mesmo plano de acordo com esta relação numérica.

"Deste modo se alguém não aceitar a inspiração divina, terá de admitir que são oito escritores matemáticos maravilhosos e que cada um deve ter escrito depois dos outros".

A carta com esta resposta foi publicada pelo mesmo jornal e chamou a atenção de muita gente. Ninguém pôde refutar, mas os inimigos da Bíblia continuaram lançando ataques contra ela. Só o Espírito Santo convence o erro.

O Nome de Moisés e o 7

Aparece o nome de Moisés, na Bíblia, 847 vezes (121x7).

No livro de Apocalipse é citado só uma vez. Sem esta citação, não teríamos 847. Parece este fato indicar que Apocalipse é tão importante, que encerra mesmo o volume da Bíblia Sagrada. Moisés é o autor da primeira parte da Bíblia, era necessária esta referência em apocalipse.

Numerologia I

Considerações Finais

O primeiro versículo da Bíblia (Gn 1.1), no hebraico é "Berechit bará Elohim ête hachamaim vaête Haéretz", "No princípio criou Deus os céus e a terra", tem sete palavras e vinte e oito letras (4x7). O sujeito e o predicado somam 14 letras e o objeto direto tem 14 letras (2x7). Na obra da criação, 7 vezes viu Deus que era bom o que estava feito (Gn 1.4,10,12,18,21,25 e 31). A Bíblia começa na base de 7. João contemplou no epílogo do Apocalipse uma visão das coisas novas, que também eram 7: 1) O novo céu (Ap 21.1); 2) A nova terra (Ap 21.1); 3) A nova Jerusalém (Ap 2 1.2); 4) O muro da cidade com 12 portas (Ap 21.12); 5) Os fundamentos do muro (Ap 21.12-20); 6) O rio da água da vida (Ap 22.1); 7) A árvore da vida (Ap 22.2). A Bíblia encerra a sua mensagem com 7.

Oito — 8 pode ser entendido como 7+1. É o número de Jesus Cristo e simboliza a ressurreição. A soma das letras do nome *Jesus*, no grego, dá 888. A ressurreição de Jesus foi no primeiro dia da semana, cumprindo o simbolismo da oferta de primícias (1 Co 15.20) que era "ao seguinte dia do sábado..." (Lv 23.11). Depois do sétimo dia da lei, veio o 8º da graça.

Houve na história da Bíblia 8 ressurreições individuais: 3 no Antigo Testamento (1 Rs 17.22; 2 Rs 4.35; 2 Rs 13.21); 3 nos Evangelhos (Mt 9.25; Lc 7.15; Jo 11.44); e 2 nos Atos (At 9.40; At 20.9-11). Na arca de Noé foram salvas 8 pessoas (1 Pe 3.20). Deus destruiu os maus e começou uma nova era com 8 pessoas.

O Salmo 119 tem 8 vocábulos para expressar a palavra de Deus: lei, testemunhos, mandamentos, estatutos (ou decretos), juízos, preceitos, palavras e caminho da verdade.

O profeta Elias realizou 8 milagres, e Eliseu, seu sucessor, realizou 16(8x2), porque pediu antes o Espírito em porção dobrada (2 Rs 2.9-11).

Os primogênitos no Antigo Testamento eram consagrados a Deus no oitavo dia (Êx 22.29 e 30). 8 é o número do Novo Testamento. Representa um novo concerto ou nova aliança.

A lei trouxe um concerto que era sombra ou figura da obra da Salvação. Jesus é "mediador de um melhor concerto... não segundo o concerto que fiz com seus pais... para os tirar da terra do Egito" (Hb 8.6b,9c,13; Jr 31.31-33) A lei foi escrita na pedra, o concerto da graça é escrito nos corações. O Novo Testamento foi escrito por 8 autores: Mateus, Marcos, Lucas, João, Paulo, Tiago, Pedro e Judas. A expressão hebraica *Beni-Jehová* — filhos de Jeová (Dt 14.1) tem o valor de 88(8x11). 8 é o número de Jesus Cristo, 11 lembra a harmonia que agrada a Deus, pela união e identidade dos salvos com a vida espiritual.

Nove — Este número é o último dos dígitos, marca o fim ou a conclusão de todas as coisas. É relacionado com o julgamento do homem e de suas obras. É o número do juízo. Jesus como "Filho do homem" (Jo 5.27b; At 17.31), há de julgar todas as coisas.

9 é o produto de 3x3 e tem relação com 6 que é a soma dos fatores 3+3=6.

9 é um fator de 666, que vem de 9x74.

O somatório de Dã, que quer dizer juiz, é 54 (9x6). A expressão "minha ira" no grego é *tê orguê mou*, tem o valor de 999.

O *amém, verdade* ou *assim seja*, soma no valor de suas letras no grego, 99.

A primeira guerra mencionada na Bíblia (Gn 14) foi de 4 reis contra 5 (4+5=9). Também o número 9 é um fator de 153, mencionado em João 21.11; 9x17=153. É 32+121=153; ou 9+144=153. Jesus usou a palavra 9 sobre os negligentes. Dez leprosos foram curados, só um voltou para agradecer. Jesus perguntou: "E onde estão os nove?" (Lc 17.17b).

O fruto do Espírito é um só, mas se compõe de 9 virtudes: Amor, gozo, paz, longanimidade, benignidade, bondade, fé, mansidão, temperança (Gl 5.22).

Os dons do Espírito Santo mencionados em 1 Coríntios 12.8 a 10 também são nove: Sabedoria, conhecimento, fé, curas, milagres, profecia, discernimento de espíritos, variedades de línguas, interpretação de línguas.

No Sermão do Monte, Jesus pronunciou 9 bem-aventuranças (Mt 5.3-11).

Dez — Perfeição na ordem divina. Plenitude humana. Simboliza a capacidade de andar e trabalhar, figurada nos 10 dedos das mãos e dos pés.

A Bíblia fala de 10 mandamentos da Lei (Êx 20); 10 anciãos (Rt 4.2); 10 pragas no Egito (Êx caps. 7 a 11); 10 pontas ou chifres do animal (Dn 7.7,24); 10 moedas (Lc 15.8).

Numerologia I

Abraão Foi Provado em sua Fé 10 Vezes

- 1. A partida de Harã
- 2. A ida para o Egito por causa da seca
- 3. Sara tomada por faraó
- 4. A guerra para recuperar Ló
- 5. Agar
- 6. A circuncisão
- 7. Sara tomada por Abimeleque
- 8. A expulsão de Ismael
- 9. A expulsão de Agar
- 10. O oferecimento de Isaque

Desceu Fogo do Céu 10 Vezes

- 1. Sobre Sodoma (Gn 19.24)
- 2. Sobre a primeira oferta (Lv 9.24)
- 3. Sobre Nadabe e Abiú (Lv 10.2)
- 4. Sobre os murmuradores em Taberá (Nm 11.1)
- 5. Sobre Coré e seus companheiros (Nm 16.35)
- 6. Sobre a oferta de Elias no Carmelo (1 Rs 18.38)
- 7. Sobre os inimigos de Elias (2 Rs 1.10)
- 8. Sobre os inimigos de Elias (2 Rs 1.12)
- 9. Sobre o sacrifício de Davi (1 Cr 21.26)
- 10. Sobre o sacrifício de Salomão (2 Cr 7.1)

O Servo fiel apresentou 10 minas e teria autoridade sobre 10 cidades (Lc 19.16,17).

Em Romanos, capítulo 1, há 10 coisas que pertencem a Deus: 1) O Evangelho de Deus. 2) O Filho de Deus. 3) Os amados de Deus. 4) A vontade de Deus. 5) O poder de Deus. 6) A Justiça de Deus. 7) A ira de Deus. 8) O que de Deus se pode conhecer. 9) A glória de Deus. 10) A Verdade de Deus.

Capítulo 12

Numerologia II

"Fez também cortinas de pêlos de cabras para a tenda sobre o tabernáculo: de onze cortinas as fez" (Êx 36.14).

Onze — Se dez é a perfeição na ordem divina, onze é um acréscimo a isto. Então é subversivo, desfaz a ordem. Se doze é a perfeição no governo divino, o onze diminui ou estraga. Assim 10+1 ou 12-1 é um número que traduz desordem, desorganização, desintegração.

Os príncipes de Edom eram doze (Gn 36.40-43). Edom é o nome de Esaú. Este povo se alegrou com a destruição de Israel, ajudou a entregar os restantes na tomada de Jerusalém, cooperando com os babilônios. Por isso Deus os amaldiçoou, predizendo sua destruição (Sl 137.7; Am 1.11 e 12; Ob vv 1-14)

Edom, Seir, Temã e Dumá são palavras que expressam os descendentes de Esaú (Gn 36.1-43; Is 21.11,12). Os judeus dão ao número 11 a significação de: incenso, música e a restauração do reino de Israel.

Dizem os judeus que o incenso queimado para Deus era composto de 11 especiarias. (M. M. Melamed, *A Lei de Moisés*.)

A Música e o 11

A música escrita, a princípio, era feito numa pauta de 11 linhas. Como era difícil ler depressa, foi tirada a linha do meio e ficou como hoje, em dois grupos de cinco linhas.

Na escala musical o número de vibrações de cada nota por segundo é múltiplo de 11. O ouvido sozinho não percebe estes detalhes, mas por meio de instrumentos apropriados, consegue-se provar isto.

O 11 na Restauração de Israel

O banquete que José deu a seus irmãos (Gn 43.33) é tipo do reino glorioso de Israel. Ali José reconheceu os 11 irmãos e colocou-os em ordem por idade. Na restauração, o Messias reconhecerá cada tribo e estabelecerá o seu reino, que será a harmonia dos planos de Deus.

Há também um sentido especial do número 11 na palavra de Deus como ilustração de nossa união com Ele.

No tabernáculo, a parte de cima da cobertura era de 11 cortinas de pêlos de cabras (Êx 26.7; 36.14).

Os judeus conheciam os 10 mandamentos, mas Jesus disse: "Um novo mandamento vos dou: Que vos ameis uns aos outros" (Jo 13.34a). Este tem sido chamado o 11º mandamento.

Ezequiel teve uma visão de um templo que tinha de largura 11 côvados (Ez 40.49a). Esta visão se refere ao futuro de Israel. 11 representa o amor fraternal que resume toda a lei, porque o 11º mandamento é o mandamento do amor. "...De sorte que o cumprimento da lei é o amor" (Rm 13.10b).

Doze — Número do povo de Deus. Administração e governo de Deus. No mundo natural: os 12 meses do ano, as 12 horas do dia, os 12 signos do zodíaco.

Na organização religiosa: as 12 tribos de Israel (o povo de Deus no Antigo Testamento); os 12 apóstolos (o povo de Deus no Novo Testamento).

Pode ser lembrado como 3x4. O número de Deus multiplicado pelo número do mundo. A abundância das bênçãos de Deus sobre seu povo.

São muitas as referências a 12 nas Escrituras: 12 pedras no peito do sacerdote, representando as 12 tribos de Israel (Êx 28.21); 12 pães da proposição (Lv 24.5); 12 recipientes de ouro (Nm 7.86); 12 espias enviados a Canaã (Nm 13.4-15); 12 fontes em Elim (Nm 33.9); 12 pedras tiradas do Jordão (Js 4.3). Duas colunas de 12 côvados cada uma no templo (1 Rs 7.15); 12 bois no mar de cobre (1 Rs 7.25); a primeira lareira do altar no templo da visão de Ezequiel tinha 12 côvados de comprimento e 12 côvados de largura (Ez 43.16).

Numerologia II

Os livros do Antigo Testamento formam grupos de 5 e 12. São 5 livros da lei, 12 históricos, 5 poéticos e 12 profetas menores. Os profetas maiores são 4, porém no meio deles está Lamentações, de modo que o grupo de livros também é de 5; 5 é a graça de Deus, ou a oportunidade; 12 é o povo de Deus. O Antigo Testamento expressa a graça de Deus (pelo número 5) dirigida a seu povo (número 12). Esta é a oportunidade de gozar deste privilégio.

Quando Jesus multiplicou os pães, todos comeram e ainda sobraram 12 cestos de pedaços (Mt 14.20).

Na regeneração, Jesus Cristo estará no seu trono e os apóstolos se sentarão sobre 12 tronos para julgar as 12 tribos de Israel (Mt 19.28).

Se Jesus pedisse ao Pai, Ele daria 12 legiões de anjos (Mt 26.53).

Em Apocalipse, a nova Jerusalém tinha um muro com 12 portas e nas portas 12 anjos e os nomes das 12 tribos de Israel. O muro tinha também 12 fundamentos com os nomes dos 12 apóstolos. As 12 portas eram 12 pérolas. A cidade foi medida até 12 mil estádios (Ap 21.10-21).

A árvore da vida produz 12 frutos de acordo com os 12 meses (Ap 22.2).

Treze — Há muita superstição acerca deste número atribuindo-lhe agouro ou prejuízo. A explicação popular é de que treze tomou este sentido por causa de Judas Iscariotes. No grupo de Jesus com os apóstolos, Judas vem sempre em último lugar na lista, por isso tem o nº 13, que lembra seu fim com traição e suicídio. Mas o 13 é muito mais antigo na Bíblia do que a história de Judas.

Sua primeira referência está em Gênesis 14.4, onde se lê: "Doze anos haviam servido a Quedorlaomer, mas ao décimo terceiro ano rebelaram-se". Daí em diante o 13 e seus múltiplos trazem a ideia de rebelião, apostasia e corrupção.

A segunda menção de 13 é acerca de Ismael (Gn 17.25); tinha ele 13 anos de idade quando foi circuncidado e admitido no pacto, o que ele não aceitou de coração. Terminou em rebelião, rejeição. O primeiro versículo da Bíblia que conta a obra de Deus na criação tem em hebraico 7 palavras e 28 letras (4x7). O segundo versículo (Gn 1.2) tem 14 palavras e 52 letras (4x13). Descreve a apostasia ou rebelião que causou a ruína descrita naquele versículo.

Os nomes do povo de Deus são múltiplos de 8, e os nomes dos apóstatas e rebeldes são múltiplos de 13.

A LINHA DE SETE (Gn 5.3-32)

Adão 45
Sete 912
Enos 357
Quenam 210
Maalalel 136
Jared 214
Enoque 84
Metusalá 969
Lameque 90
Noé 58
Jafé 490
SOMA ... (8x396).... 3.168

A LINHA DE CAIM (Gn 4.17-22)

Adão 45
Caim 60
Enoque 84
Irade 281
Maujael 95
Matusae 777
Lameque 90
Jaba 42
Jubal 48
Tubalcaim 598
SOMA ... (13x171) ... 2.223

NOÉ E SEUS FILHOS (Gn 6.8-10)

Noé 58
Sem 340
Cão 48
Jafé 490
SOMA ... (13x72) 936

Numerologia II

NOÉ E SEUS FILHOS (menos Cão)

Noé 58
Sem 340
Jafé 490
SOMA ... (8x111) 888

Jericó — O somatório das letras do nome de Jericó, cidade condenada à destruição, é 234 (13x2x9). O exército de Josué rodeou-a durante 6 dias, cada dia uma vez, e no sétimo dia rodeou-a 7 vezes: 6+7=13 vezes. O número 13 indicou a condenação de Jericó como o fator 9 lembra o seu julgamento (Js 6).

O nome de Satanás, no hebraico soma 364 (13x28); e no grego tem o valor de 2197 (13x13x13).

A casa de Salomão. Foram gastos 13 anos na construção da residência do rei Salomão (1 Rs 7.1). Depois disto sua vida foi de apostasia.

O plano de Hamã. No livro de Ester temos o plano dos inimigos do povo de Deus para exterminá-lo (Et 3.7-13). Consultaram entre si e lançaram sortes de mês em mês. No dia 13 do 1º mês escreveram cartas, com a ordem para matar todos os judeus, no dia 13 do 12º mês. O nome de Hamã, o agagita, chefe deste plano dá a soma de 117 (13x9). Os adversários de Jesus Cristo e de seu povo, em geral, têm nomes que são múltiplos de 13.

Simão, o mago (At 8.9-24) = 1170 (13x90)
Elimas (At 13.8) = 676 (13x52)
"Judas Iscariotes, o que traiu" (Jo 12.4) = 4511 (13x347)
A palavra "Ai" (Mt 23.13-29) = 481 (13x37)

O 13 lembra também a expiação dos pecados ou substituição do pecador por Jesus Cristo.

O Salvador, para cumprir o simbolismo da oferta pelo pecado (Lv 6.24-30), "...foi contado com os transgressores..." (Is 53.12b), "...ele o fez pecado por nós..." (2 Co 5.21b). Para nos livrar da maldição, Jesus Cristo se fez maldição por nós (Gl 3.13).

Assim o nº 13, que geralmente quer dizer maldade e pecado, também expressa a expiação pelo pecado. Indica o pecador rebelde, mas também tem relação com o substituto do pecador no castigo exigido pela justiça.

Sombras, Tipos e Mistérios da Bíblia

Vários Nomes de Deus São Múltiplos de 13

Jeová = 26 (13x2)
Adonai = 65 (13x5)
Ha-Elohim = 91 (13x7)
Ungido (Sl 2.2) = 364 (13x28)

Depois, no Novo Testamento, quando a expiação foi realizada, os títulos de Jesus Cristo são múltiplos de 8.

Cristos (Cristo) = 1480 (8x185)
Kürios (Senhor) =800 (8x 100)
Sôter (Salvador) = 1408 (8x176)
Emmanuel (Deus conosco) =25600 (8x3200)
Messias (Messias) = 656 (8x82)

A lição principal de tudo isto é que Jesus se fez pecado e maldição por nós, mas por fim "...Deus o fez Senhor e Cristo" (At 2.36b).

Catorze — Este número pode ser entendido como o dobro de 7. Então tem o sentido de dupla medida da perfeição espiritual. Na genealogia de Jesus Cristo aparece o número 14 (Mt Cap. 1), porque a relação de nomes é dividida em três grupos de 14 gerações.

No dia 14 do mês era sacrificado o cordeiro da páscoa (Êx 12.6 e 18; Lv 23.5).

Quinze — Tendo como fatores os números 5 e 3, traz o sentido destes dois. 5 representa a graça de Deus, e 3 lembra Trindade. É o número da perfeição divina. 15 é atividade da graça divina.

O número 15 no hebraico foge à regra da combinação das letras. A letra iode vale dez.

O número 11 é *iode-álefe*, dez-um; 12 é *iode-bete*, dez-dois; 13 é *iode-guímel*, dez-três; 14 é *iode-dálete*, dez-quatro. 15, pela lógica, seria *iode-he*, dez-cinco, mas a união destas duas letras, que se pronuncia *iá*, é um nome abreviado de Deus. E para não profanarem ou não tomarem em vão o nome de Deus, os judeus dão outra forma com as letras *tête-vav*, *Tetê* vale 9 e *vave* 6. 15 no hebraico, em vez de ser dez-cinco, é nove-seis.

Algumas Referências ao 15

A arca subiu 15 côvados acima dos montes (Gn 7.20). Ezequias foi curado por Deus e teve mais de 15 anos de vida (2 Rs 20.6). Os judeus, no tempo de Ester, comemoraram seu livramento da morte no dia 15 do mês (Et 9.18).

Nas festas de Levítico 23 havia duas datas no dia 15: Os pães asmos no dia 15 do primeiro mês (v. 6), tipo da santificação; a festa dos tabernáculos no dia 15 do sétimo mês (v. 34), tipo da ação de graças.

Dezessete — É um número primo ou indivisível. É a soma dos números 12 e 5. Doze lembra o povo de Deus, e cinco, a graça de Deus. Então 17 é a graça de Deus aplicada ao seu povo. Também é a soma de dois números perfeitos: 10 e 7. Dez é a perfeição da ordem das coisas, e sete é a perfeição espiritual. 17 é o tipo da perfeição espiritual na ordem perfeita.

Uma ilustração deste caso está em Romanos 8.35,39, concluindo com a súmula das bênçãos que os salvos possuem em Cristo.

Primeiro vem uma pergunta com uma série de sete.
"Quem nos separará do amor de Cristo? Será:
- 1. A tribulação,
- 2. ou a angústia,
- 3. ou a perseguição,
- 4. ou a fome,
- 5. ou a nudez,
- 6. ou o perigo,
- 7. ou a espada?"

Depois vem a resposta com uma série de dez.
"Estou certo de que:
- 8. Nem a morte,
- 9. nem a vida,
- 10. nem os anjos,
- 11. nem os principados,
- 12. nem o presente,
- 13. nem o porvir,
- 14. nem as potestades,
- 15. nem a altura,
- 16. nem a profundidade,
- 17. nem qualquer outra criatura

nos poderá separar do amor de Deus, que está em Cristo Jesus nosso Senhor".

O número 17 é importante como fator do número 153, que será estudado mais adiante.

Sombras, Tipos e Mistérios da Bíblia

Trinta — "Os que ouvem a palavra.., e dão fruto, um a trinta, outro a sessenta e outro a cem por um" (Mc 4.20).

Trinta representa a avaliação que os homens fazem das coisas espirituais. O que os homens pensam de seus deveres para com Deus. Para indenizar o prejuízo causado por um boi escorneador, o dono pagava 30 siclos de prata (Êx 21.32).

Jacó, para reparar suas faltas, separou 30 camelos, como presente a seu irmão Esaú (Gn 32.15).

Sansão propôs aos jovens de sua idade, numa aposta, em ambiente de brincadeira, 30 vestidos e 30 lençóis (Jz 14.12).

Os fariseus avaliaram Jesus por 30 moedas de prata (Zc 11.12,13; Mt 26.15).

O crente, cujo fruto é na proporção de 30 por um, tem esta concepção de Jesus e dos deveres espirituais.

O número 30, em referência à idade, tem um sentido que nos lembra ideias interessantes de consagração.

Vários personagens das Escrituras assumiram cargos e foram investidos em atividades importantes aos 30 anos.

Os sacerdotes entravam para o ministério das coisas sagradas aos 30 anos de idade (Nm 4.3). Do mesmo modo os levitas (Nm 4.23 e 30).

José se apresentou diante de Faraó e foi nomeado governador do Egito com 30 anos de idade (Gn 41.46).

Davi era da idade de 30 anos quando começou a reinar (2 Sm 5.4).

Ezequiel teve visões de Deus "no 30º ano" (Ez 1.1). A expressão aqui fala da idade do profeta porque, sobre a data histórica de sua profecia, foi "no quinto ano do cativeiro do rei Joaquim" (v. 2).

O Senhor Jesus também entrou para o seu ministério, quando era de "quase 30 anos" (Lc 3.23).

30 é 3x10. O número 3 é o número de Deus, das 3 pessoas da Trindade. 10 é a perfeição na ordem e na atividade.

30 é a consagração, a submissão a Deus, para realizar tudo pela orientação divina: "Não que sejamos capazes por nós mesmos... mas a nossa capacidade vem de Deus" (2 Co 3.5).

Sob a direção de Deus, o que fizermos será um serviço perfeito, aceito por Ele. "Pela graça de Deus sou o que sou... não eu, mas a graça de Deus em mim" (1 Co 15.10).

Quarenta — Provação, teste de prova. Período de julgamento. Desenvolvimento da história associado com salvação. Em relação ao

Numerologia II

Dilúvio, choveu 40 dias e 40 noites (Gn 7.4,12 e 17). O povo de Israel passou 40 anos no deserto, conforme o número de 40 dias em que os enviados espiaram a terra (Nm 14.34).

Quem era culpado de promover contenda recebia 40 açoites (Dt 25.3). Paulo recebeu cinco vezes este castigo de 40 açoites (2 Co 11.24). Os judeus eram muito escrupulosos em algumas coisas, por isso recomendavam que, caso os açoitadores tivessem dúvidas, parassem no 39º, para não irem além dos 40 que eram o limite máximo. Assim aconteceu no caso de Paulo. Pararam no 39º por causa da dúvida, mas Paulo estava contando, e sabia que era menos um.

Moisés passou 40 dias no monte falando com Deus, e em jejum (Êx 24.18). Também Elias e Jesus Cristo passaram 40 dias sem comer (1 Rs 19.8; Mt 4.2).

A vida de Moisés teve três períodos de 40 anos (At 7.23,30 e 36).

Davi e Salomão reinaram 40 anos cada um.

Nínive teve um prazo de 40 dias para se arrepender com a pregação de Jonas (Jn 3.4).

Jesus, depois de ressuscitado, apresentou-se aos discípulos durante 40 dias (At 1.3).

Sessenta — A paz de Deus, não no indivíduo, mas na Igreja toda, na comunidade do povo de Deus.

Quando Moisés acabou de levantar o tabernáculo, cada príncipe das tribos apresentou uma oferta, que incluía holocausto, expiação e sacrifício pacífico. O total foi "60 carneiros, 60 bodes e 60 cordeiros" (Nm 7.88). O templo edificado sob a liderança de Esdras tinha 60 côvados de altura e 60 de largura (Ed 6.3). A coluna do templo da visão de Ezequiel tinha 60 côvados (Ez 40.14).

Na Igreja de Filadélfia, que quer dizer amor fraternal, Deus não achou falta e a promessa foi: "Ao que vencer, eu o farei coluna do templo de Deus..." (Ap 3.12).

O amor fraternal cria o ambiente de paz. O crente cujo fruto equivale a 60 é coluna do templo de Deus, e é pacificador, consegue produzir a paz entre os irmãos — "Bem-aventurados os pacificadores" (Mt 5.9).

O carro de Salomão era guardado por 60 valentes, todos armados com espadas (Ct 3.7). Salomão quer dizer pacífico. A Igreja de Jesus Cristo é guardada pela paz de Deus (Fp 4.7). As 60 espadas representam "a espada do espírito, que é a palavra de Deus" (Ef 6.17).

Setenta — Administração de Deus no mundo. Tempo do juízo de Deus sobre a humanidade.

Para auxiliar no governo de Israel, foram escolhidos 70 anciãos (Nm 11.16).

Em Elim havia 70 palmeiras (Êx 15.27). A palmeira é símbolo do justo (Sl 92.12).

Israel passou 70 anos no cativeiro (Dn 9.2).

Sobre o povo de Deus estavam determinadas 70 semanas (Dn 9.24).

Jesus enviou, além dos doze apóstolos, 70 discípulos (Lc 10.1).

Cem — Gratidão. Ato de fazer mais do que o exigido. Consiste em caminhar até a segunda milha. "Se alguém te obrigar a caminhar uma milha, vai com ele duas" (Mt 5.41). A primeira milha significa a obrigação, a segunda é fruto do amor.

Artaxerxes ordenou que fossem dados a Esdras: 100 talentos, 100 córos de trigo, 100 latas de vinho e 100 latas de azeite (Ed 7.22).

Na consagração do templo foram oferecidos 100 novilhos (Ed 6.17). A Lei não exigia este número, foi fruto de gratidão.

Nicodemos levou, para sepultar Jesus "quase 100 arratéis de um composto de mirra e aloés" (Jo 19.39). A fama da história era para José de Arimateia. Nicodemos não queria fama, agia por amor.

O crente cuja semente produz 100 é o que faz além do que se esperava.

As igrejas da Macedônia faziam "acima do seu poder... a si mesmos se deram" (2 Co 8.3 e 5).

Filemom fazia mais do que Paulo recomendava (Fm 21).

Cento e cinquenta e três — "Puxou a rede para a terra cheia de cento e cinquenta e três grandes peixes" (Jo 21.11). Este número apresenta algumas lições por meio de seus fatores. 153 é o produto de 17x9. 17 lembra o povo de Deus abençoado pela sua graça, 12 = povo de Deus e 5 = graça de Deus.

Também 153 é a soma de $12^2 + 3^2$ (12x12 = 144, 3x3 = 9). 144+9 = 153.

1. Jerônimo, autor da tradução da Bíblia latina, chamada Vulgata, faz referência a um zoólogo anterior a João, que afirmava haver no mar Mediterrâneo 153 espécies de peixes. Assim a Igreja, como a rede, atingia todas as raças e classes da humanidade, temos visto esta palavra de Jerônimo aplicada a Ezequiel 47.10, que fala de "peixe do mar grande segundo a sua espécie em multidão excessiva".

Numerologia II

Outros comentadores acham que o pensamento de Jerônimo não pode ser provado, é imaginação.

2. Agostinho tem um pensamento no fato de que o somatório de 17 é igual a 153. Isto é, somando-se os números de 1 a 17 ou de 17 a 1, temos 153. A aplicação devocional é que o povo de Deus (12) revestido pela graça de Deus (5) pode trazer para a salvação, pessoas de todas as classes e nações representadas pelo número 153. 12+5 = 17 e o somatório de 17 = 153.

3. No funcionamento do Tabernáculo, havia uma relação de números que somavam 153. Era a lista dos objetos, partes e pessoas mencionadas naquele ritual: *2* pedras (Êx 28.9); *3* colunas do pátio (Êx 27.14,15); *4* colunas de véu (Êx 26.32); *5* colunas da porta da tenda (Êx 26.37); *7* peças de roupa do sacerdote: éfode, cinto, peitoral, manto, colar, túnica e mitra (Êx 39.2-8,22-28); *10* cortinas de linho fino (Êx 26.1); *12* pedras no peito do sacerdote (Êx 28.2 1); *40* bases de prata (Êx 26.19,21); *70* anciãos que ajudavam a Moisés (Nm 11.16 e 17): 2+3+4+5+7+10+12+40+70=153.

4. A expressão hebraica *Beni Ha-Elohim* "filhos de Deus" (Gn 6.2,4; Jo 1.6 e 2.1). No valor destas letras se acha o número 153. *Bete* = 2; *Num* = 50; *Iôde* = 10; *He* = 5; *Álefe* = 1; *Lâmeque* = 30; *He* = 5; *Iôde* = 10; *Mem* = 40: 2+50+10+5+1+30+5+10+40 = 153.

5. A palavra grega *sunkleronomai* — "Co-herdeiros" (Rm 8.17) tem o valor de 1071. É múltiplo de 153 (153x7 = 1071).

6. A expressão grega *Ktísis Theon* "criação de Deus" soma 1224, que também é múltiplo de 153. 153x8 = 1224.

7. A palavra grega *icthues* "peixes", também soma 1224, por isso é múltiplo de 153. 153x8 = 1224.

Seiscentos e sessenta e seis — Geralmente quem vê este número na Bíblia, fica preocupado com a identificação do Anticristo, a quem ele pertence. Este é o número que não tem outro valor nem outra aplicação, sendo o simbolismo.

Não se refere a uma quantidade de coisas ou de pessoas, é unicamente o número de um homem. "Aquele que tem entendimento, calcule o número da besta; porque é o número de um homem, e o seu número é seiscentos e sessenta e seis" (Ap 13.18).

Sombras, Tipos e Mistérios da Bíblia

Alguém diz que é a repetição de 6, em contraste com o 7 que é a perfeição. O homem quer ser como Deus, mas só atinge 6. Tenta outra vez, dá 6; e na terceira vez é só 6. Assim seria 6, 6 e 6. Isto é uma curiosidade, porém, não é o sentido.

No original, vem algumas vezes o número por extenso, e quando vem, em alguns manuscritos, em três letras, não são repetidas. Uma letra vale 600, outra 60 e outra 6.

O número pertence ao Anticristo a quem Paulo chama de "o homem do pecado, o filho da perdição" e *inimigo* que ainda não foi revelado. Se "então é que será revelado", ninguém pode descobrir agora (2 Ts 2.3-9).

Para exercício de memória, poderemos examinar algumas palavras e frases cujo valor soma 666. Há muitas outras além destas.

1. *Siquém*, filho de Hemor (Gn 34.2). Foi homem corrupto e violento. Seu nome no hebraico é "Shiquem Ben Hemor", a soma destas três palavras é exatamente 666.

2. *Sorat* — Um nome de Vênus, que significa plasma e sensualidade. As letras hebraicas são: "Sâmeque","vav", "resh", "tav". A soma é 666.

3. *Teitan* — Uma palavra grega que significa Satanás. Soma 666.

4. *Nero César*. No hebraico é "Neron Csar". O valor numérico é 666. Perseguidor dos cristãos, mandou executar Paulo e Pedro.

5. *Diocleciano Augusto*, Imperador romano, perseguidor dos cristãos. Foi quem ordenou a 10ª perseguição oficial. No latim este nome é *Diocles Augustus* (o *u* tinha a mesma forma de *v* e valia 5), aproveitando as letras que têm valor numérico, dá 666).

6. *Guia do clero* — Título do Papa. No latim é DVX CLERI, a soma das letras que têm valor numérico é 666.

7. *Vigário do Filho de Deus* — Título do Papa. No latim: VICARIVS FILLI DEI, soma 666.

8. *Vigário Geral de Deus na terra* — Título do Papa. No latim: VICARIVS GENERALIS DEI IN TERRIS — soma 666.

9. *Os algarismos romanos* I, V, X, L, C, D. Ninguém faz qualquer cálculo matemático usando estas letras, mas são conservadas e empregadas

com estes valores, em todo o Mundo Ocidental. 1+5+10+50+100+500 = 666. Os que pensam que o Anticristo há de ser romano, fazendo aparecer outra vez o Império Romano, acham na preservação dos algarismos romanos uma prova para este argumento. Neste caso, o *M* valendo 1.000, lembra a aproximação do Milênio, cujo começo acaba com o Anticristo.

10. A palavra "lateinos" quer dizer latino, no grego. O idioma latino é língua oficial da Igreja Católica Romana. "Lateinos" no grego dá 666.

11. *Itálica Eclésia*. Os partidários da Igreja Grega chamavam o ramo latino por este nome. *Itálica Eclésia* quer dizer Igreja Itálica ou Italiana. Dá 666.

12. *Romiit* — O adjetivo romano em hebraico. Seu valor é 666. Conclusão: 666 é o número de um homem. O Anticristo que ainda não foi revelado. No capítulo sobre os símbolos de Apocalipse, vêm outros dados sobre a pessoa do Anticristo.

Há muitos outros nomes próprios e frases, cujas letras somam 666.

Também Salomão recebia anualmente, de seus tributários, 666 talentos de ouro (1 Rs 10.14).

Capítulo 13

Símbolos do Apocalipse I

"...Graças te dou, ó Pai... que ocultaste estas coisas aos sábios e entendidos, e as revelaste aos pequeninos" (Mt 11.25b).

Sobre Apocalipse, que é o livro da Revelação do juízo de Deus, não nos limitamos aos tipos e símbolos, fazemos uma ligeira exposição dos assuntos e sua relação com os outros livros da Bíblia.

Julgamos que assim ajudaremos os leitores que não estiverem familiarizados com as visões de Patmos.

Para se entender a tipologia deste livro, é preciso conhecer outras passagens bíblicas, relacionadas com o plano do julgamento final.

Quanto melhor conhecermos os outros livros do Cânon Sagrado, tanto mais entenderemos a Revelação.

Esperamos que os capítulos seguintes sobre Apocalipse sirvam de esclarecimento, ajudando a compreender os símbolos que forem mencionados.

Apocalipse é o único livro da Bíblia que diz, logo no começo do texto, que é feliz quem lê: "Bem-aventurado aquele que lê e os que ouvem e guardam a profecia deste livro" (1.3).

Satanás ensina aos "sábios e entendidos" que é "um livro difícil e controvertido".

Deus ensina aos "pequeninos" que é Revelação de Jesus Cristo aos seus servos".

Sombras, Tipos e Mistérios da Bíblia

O livro tem sete bem-aventuranças. Cada crente procure ver se está pronto para tomar posse das que estão ao seu alcance.

Sete Bem-Aventuranças

1ª) *Bem-aventurado* o que lê e os que ouvem e guardam a profecia deste livro (1.3).

2ª) *Bem-aventurado* os mortos, que morrem no Senhor (14.13).

3ª) *Bem-aventurado* aquele que vigia (em relação à vinda do Senhor) (16.15).

4ª) *Bem-aventurados* aqueles que são chamados à ceia das bodas do Cordeiro (19.9).

5ª) *Bem-aventurado* e santo aquele que tem parte na primeira ressurreição (20.6).

6ª) *Bem-aventurado* aquele que guarda as palavras da profecia deste livro (22.7).

7ª) *Bem-aventurados* aqueles que lavam as suas vestiduras no sangue do Cordeiro (22.14).

São muito usadas neste livro as seguintes palavras: "anjo", mais de setenta vezes. Mais do que em qualquer outro livro. "Sete", mais de quarenta vezes. Só Gênesis e Levítico têm mais (Gn = 50 vezes e Lv = 43).
"Cordeiro" vinte e oito vezes. Só Números tem mais (50 vezes).
Aparecem somente em Apocalipse:
"A segunda morte" (2.11; 20.14; 21.8).
"O acusador" (12.10).
"Abadom" (9.11).
"Aleluia" (19.1,3,4,6). Nos Salmos é um conselho: "Louvai ao Senhor". No Apocalipse é interjeição.

Cada capítulo do livro de Apocalipse tem promessas, ou frases que apresentam conforto espiritual, mesmo para quem não souber interpretar as visões proféticas. Todo crente pode encontrar conforto para sua alma, lendo qualquer parte da revelação de Jesus Cristo.

Símbolos do Apocalipse I

Interpretações:

1. *A espiritual*, que afirma que tudo tem sentido espiritual, sem referência a qualquer época ou acontecimento.

2. *A preterista*, que acha que tudo se refere ao Cristianismo nos primeiros séculos, e à vitória de Jesus Cristo sobre o Império Romano.

3. *A histórica*, que faz uma aplicação dos capítulos 4 a 22 à história da Igreja, indo dos dias de João até a vinda do Senhor.

4. *A futurista*, que considera futuro tudo que acontece a partir do capítulo 4. Ali se acha uma descrição dos acontecimentos dos últimos tempos, a Segunda Vinda de Jesus Cristo e o Juízo de Deus.

Para se entender cada visão e cada símbolo, a melhor maneira de interpretar é adotar a *futurista*. Os capítulos 4 a 22 ainda não tiveram um cumprimento total. Há casos em que se pode fazer aplicação *histórica*. E em todos os detalhes precisamos prestar atenção ao sentido *espiritual*.

Um Esboço Breve para Começar

Este vem no próprio livro (1.19).

1. Passado — "Escreve as coisas que viste" — (cap. 1)

2. Presente — "...as que são" — (caps. 2 e 3)

3. Futuro — "...e as que depois destas devem acontecer" (caps. 4 a 22).

Capítulo 1 – A visão

"...vi sete castiçais de ouro (v. 12); no meio dos castiçais, um semelhante ao Filho do homem (v. 13); e Ele tinha na sua destra sete estrelas" (v. 16).

Os castiçais e as estrelas são explicados no próprio texto (v. 20).

As 7 estrelas são as sete igrejas a quem João devia enviar as mensagens que ia escrever. Existiam estes lugares com estes nomes e Deus mandava, por meio de João, uma carta a cada igreja (v. 11).

As 7 cartas são o conteúdo dos capítulos 2 e 3.

Aquele que João viu (vv. 13-16) era o próprio Jesus. João fora apóstolo, a visão que ele teve de Jesus é considerada assim, coisa passada: "as coisas que viste".

147

Sete Cartas às Sete Igrejas da Ásia

Deus sabe das obras de todas. Algumas coisas Deus aceita, outras Ele reprova. Aquelas cartas têm referência a cada igreja ou a cada crente. Nós trabalhamos para Deus, umas coisas fazemos de acordo com a vontade de Deus, outras são erradas.

Estas sete cartas representam "as coisas que são", o tempo presente. Desde que João escreveu até a vinda do Senhor, cada crente precisa examinar a palavra de Deus para agir como Deus aprova.

Éfeso (2.1-7). Deus aprova: obras, trabalho, paciência, zelo, doutrina, disposição para sofrer, atividade e perseverança.

A falta: "deixaste o teu primeiro amor" — O amor a Deus tinha diminuído.

Nossas igrejas têm muito menos coisas boas do que Éfeso, imaginemos quanto falta para agradar a Deus. E nossa vida individual?

Esmirna (2.8-11). Deus não especifica as obras, mas a tribulação e a pobreza. Era rica para com Deus. A recomendação é "não temas", mas prediz uma tribulação de dez dias. São entendidos como dez perseguições oficiais movidas pelos imperadores romanos. A exortação é "Sê fiel até a morte..." O sentido não é até morrer de velho, mas até enfrentar a morte se for necessário. Quer dizer o martírio. Em Esmirna Deus nada reprovou.

Pérgamo (2.12-17). Deus diz "eu sei onde habitas que é onde está o trono de Satanás". Era difícil ser crente ali, mas aquela igreja manteve o nome de Deus, não negou a fé (v. 13). Deus reprova a tolerância para os que seguiam a doutrina de Balaão. Representa a união da igreja com coisas corrompidas do mundo. Havia tolerância também para os seguidores dos nicolaítas. Julga-se que era doutrina do mesmo sentido da de Balaão. Deus aborrecia (v. 15). A exortação era: arrepende-te.

Tiatira (2.18-29). Deus via obras, amor, serviço, fé e paciência. E as últimas obras mais do que as primeiras. Havia só uma coisa contra. Tolerava o ensino de Jezabel. Era mulher, como a rainha que oficializou o culto idólatra em Israel (1 Rs 16.31; 21.25), que ensinava aos crentes de Tiatira o engano da prostituição e da idolatria.

A exortação e a promessa eram para uns restantes (vv. 24,25) reterem o que tinham da palavra de Deus. A outra parte estava reprovada por Deus.

Símbolos do Apocalipse I

Sardes (3.1-6). Havia obras, parecia viva, mas para Deus era morta. A exortação é: "Arrepende-te". Muitos crentes hoje têm obras que Deus reprova. Só uns poucos em Sardes eram fiéis. Esses seriam recebidos pelo Senhor.
Filadélfia (3.7-13). Filadélfia quer dizer amor aos irmãos. Nesta Deus nada condenou. "Como guardaste a palavra da minha paciência, também eu te guardarei da hora da tentação". Isto fala da Grande Tribulação. Esta promessa é uma prova de que a Igreja não passará pela Tribulação, Deus promete guardar "da hora". Antes a Igreja será arrebatada.
Laodiceia (3.14-22). Nem era fria nem quente a igreja rejeitada por Deus. Os crentes achavam-se ricos, tinham programas, atividades, beneficência, de acordo com seu modo de pensar. Deus estava do lado de fora. Nada prestava naquela igreja.

Jesus Cristo faz um apelo individual: "Se alguém abrir a porta, entrarei". A igreja estava condenada. Se alguma pessoa atendesse ao apelo de Jesus, teria comunhão com Ele e se sentaria no trono para reinar.

Uma Aplicação Histórica das 7 Cartas

Comparação das 7 cartas e das 7 parábolas de Mateus 13 com a história da Igreja:

Éfeso — Era apostólica — Parábola do *Semeador*. O começo com falha, deixando o primeiro amor que havia nos primeiros dias após o Pentecoste.

Esmirna — Tempo das 10 perseguições imperiais. Parábola do *trigo e do joio*. Tempo de amargura. Falsos judeus no meio.

Pérgamo — Tempo de Constantino — Parábola da *semente de mostarda*. A igreja simples cresceu. As aves imundas (as nações) fizeram seus ninhos na grande árvore em que se transformou a Igreja.

Tiatira — Roma dominando com sua abominação. Parábola do *fermento*. Jezabel, a meretriz, a mulher que colocou o fermento na massa do Cristianismo.

Sardes — Tempo da Reforma e pouco depois. Parábola *do tesouro escondido*, "tens nome de que vives e estás morto". Muitos saíram da Igreja Romana, aceitaram alguma coisa do Evangelho, mas não se converteram e estragaram a obra dos reformadores.

Filadélfia — O movimento missionário que marchou para evangelizar países distantes, atingindo a China, A Índia, a África, a América do

Sul e o Japão. Parábola *da pérola*. O corpo de Cristo, os salvos tirados do mundo para estarem com Ele.

Laodiceia — Os últimos dias desta era. Parábola *da rede*. Juízo de Deus. "Vomitar-te-ei da minha boca".

Parte Futura do Apocalipse

A parte profética da Bíblia, que ainda não teve cumprimento, se resume em dois assuntos: a Segunda Vinda de Cristo e a Restauração de Israel. Sem um conhecimento destes dois pontos, não se pode entender bem o que segue no livro da Revelação.

A segunda vinda de Cristo

O pensamento chave de Apocalipse é: A segunda Vinda. O versículo chave é 1.4; "Eis que vem nas nuvens, e todo o olho o verá, até os mesmos que o traspassaram".

Na próxima Vinda, é preciso distinguir duas fases:

1ª) *O arrebatamento da Igreja* (Jo 14.3; 1 Ts 4.16 e 17; 1 Co 15.52). É invisível para o mundo. Os crentes mortos ressurgirão, e os vivos serão transformados, e todos iremos encontrar o Senhor nos ares.

2ª) *O aparecimento glorioso*. O Senhor Jesus Cristo virá nas nuvens com os seus santos, e todo o olho o verá. Destruirá o Anticristo, julgará o mundo, e estabelecerá o seu Reino (Mt 25.31-33; At 1.11; Jd 14,15; Ap 1.7).

Entre as duas fases haverá um intervalo de sete anos. Logo após o arrebatamento da Igreja, aparecerá o Anticristo, que tomará as rédeas do governo do mundo, e reinará durante os sete anos, até a volta de Jesus Cristo. Agora "há um que resiste" e não permite que ele apareça. É o Espírito Santo, que será tirado daqui com a saída da Igreja (Ver 2 Ts 2.3-9).

A restauração de Israel

Daniel tratando disto fala de "70 semanas". "Setenta semanas estão determinadas sobre o teu povo, e sobre a tua santa cidade, para extinguir as transgressões, dar fim aos pecados, e expiar a iniquidade, trazer justiça eterna, selar a visão e a profecia, e para ungir o Santo dos Santos" (Dn 9.24).

Símbolos do Apocalipse I

Esta profecia ainda não foi cumprida, e só poderá ter seu cumprimento quando Jesus vier. As 70 semanas eram contadas desde a ordem para restaurar Jerusalém.

Passando-se sete semanas mais sessenta e duas (69 semanas), viria o Messias. Teve cumprimento em Lucas 19.37,38 (ver Dn 9.25,26). O Messias foi tirado quando Jesus morreu, ressuscitou e subiu aos céus. Cumpriu-se esta parte. Faltou uma semana. Quando Jesus foi rejeitado pelo seu povo, "veio para o que era seu, e os seus não o receberam" (Jo 1.11), parou a contagem do tempo da profecia.

O relógio de Deus é o povo judeu. Quando a nação israelita está fora de seu plano, o relógio pára.

Jesus disse: "...o reino de Deus vos será tirado, e será dado a uma nação que dê os seus frutos" (Mt 21.43). Apareceu a Igreja para todos os povos, como um parêntesis na história, que não foi vista pelos profetas. Com a saída da Igreja, o relógio começa a trabalhar.

A última semana de Daniel é o intervalo entre as duas fases da vinda de Jesus Cristo; e é o tempo do governo do Anticristo.

A prova de que Daniel fala de sete anos é que a mesma profecia vem em outras passagens, empregando outras palavras que indicam anos. Em Daniel 9.26 "o príncipe que há de vir" faz um concerto por uma semana e na metade da semana quebra o concerto. Em Daniel 7.25, os santos são entregues por "um tempo e tempos e metade de um tempo" (1 ano + 2 anos + 1/2 ano = 3 1/2 anos). Em Apocalipse 11.2,3 e 13.5, vêm as expressões: "quarenta e dois meses" = 3 1/2 anos e "mil e duzentos e sessenta dias" = 3 1/2 anos.

Portanto, o Anticristo faz um acordo com o povo judeu por sete anos, e no meio da semana de anos ele quebra o acordo e persegue os judeus.

CONTAGEM DAS 69 SEMANAS ATÉ O MESSIAS.

Ordem para construir Jerusalém (Ne 1.2-8) "20º ano de Artaxerxes, mês de Nisan, 1º dia" — 14 de Março de 445 a.C.	14 de março de 445 a.C. mais 173.880 dias = 6 de abril de 32 d.C.	Entrada triunfante (Lc 19.37,38; Zc 9.9) 6 de abril de 32 d.C.

Sombras, Tipos e Mistérios da Bíblia

> **PROVA**
> 445 a 32 d.C. = 476 anos (1 a.C. a 1 d.C. = 1 ano)
> 476 x 365 = 173.740 dias
> Dos anos bissextos = 116 dias (119 — 3 em 400 anos)
> De 14 de março a 6 de abril __24 dias__
> 173.880 dias = 483 anos
> = 69 semanas

Capítulos 4 a 22 – "Coisas que depois destas devem acontecer"

a) Julgamento do mundo e do Anticristo — (caps. 4 a 19)
b) Julgamento de Satanás e dos mortos incrédulos — (cap. 20)
c) Coisas novas — (caps. 21 e 22)

Capítulo 4 – João foi arrebatado (vv. 1 e 2) para ver as coisas futuras

Este arrebatamento é símbolo do arrebatamento da Igreja. João viu:
a) Um trono (v. 2).
b) Um assentado sobre ele (vv. 2 e 3).
c) 24 tronos com 24 anciãos (v. 4).
d) 4 criaturas viventes (vv. 6-8).

O que estava no trono — O Senhor Jesus Cristo.

Os 24 anciãos — A Igreja com os santos do Antigo Testamento, que ressuscitarão por ocasião do Arrebatamento. Eles sem nós não serão aperfeiçoados (Hb 11.39,40). São os amigos do esposo que se alegrarão nas bodas do Cordeiro (Ap 19.7). João Batista foi o último (Jo 3.29). Nós seremos a noiva.

O número 24 (12 + 12). Os antigos representando as 12 tribos de Israel, e a Igreja baseada no testemunho de 12 apóstolos.

As 4 criaturas viventes — Ezequiel viu as mesmas quatro (Ez 1.5,21) e identificou-as como querubins (Ez 10.1,20). Simbolizam as características de Jesus Cristo em sua manifestação nos quatro Evangelhos. O leão é o Rei de Mateus; o bezerro é o Servo de Marcos; o rosto de homem é o Homem perfeito de Lucas; e a águia voando é o Verbo divino de João.

Símbolos do Apocalipse I

Capítulo 5 – Um livro selado com sete selos

É o livro dos juízos de Deus. Tudo que se segue no livro do Apocalipse procede daquele livro que João viu.

Na manifestação dos juízos, há três séries de sete: sete selos, sete trombetas e sete taças ou salvas.

Um modo de explicar é: *os selos* — o juízo determinado; *as trombetas* — o juízo proclamado; *as taças* — o juízo executado. A realidade, porém, é que os sete selos abrangem todos os juízos, enquanto as trombetas e as taças são apenas uma visão relacionada com o sétimo selo.

Só Jesus Cristo podia abrir o livro e desatar os selos (vv. 5 e 6). "Os sete Espíritos" são atributos dele. São referidos em Apocalipse 1.4, e explicados em Isaías 11.2.

Capítulos 6.1-17 a 8.1 – A abertura dos selos

1º Selo — Aparece um montado num cavalo branco (v. 2). Este é o Anticristo; é diferente de Jesus Cristo (19.11,15) porque tem um arco, arma selvagem, enquanto Jesus tem espada, e o nome de Jesus é Fiel. Este aparecimento tem relação com 13.1 a 8.

2º Selo — Cavalo vermelho — guerra.

3º Selo — Cavalo preto — fome.

4º Selo — Cavalo Amarelo — peste. Com o Anticristo virá a morte por meio da guerra, fome e peste.

5º Selo — Almas debaixo do altar (v. 9). Pessoas que se convertem após o Arrebatamento. Não são da Igreja. Foram mortas pelo Anticristo. Tinham de esperar outras que também haveriam de morrer por serem crentes (v.11).

6º Selo — O mundo se abala com sinais no céu e na terra, e os homens procuram se esconder da ira de Deus (vv. 15 e 16).

Entre o 7º e o 6º Selo há um intervalo quando aparecem dois grupos:

    a) Os 144.000 assinalados de todas as 12 tribos de Israel (7.1-8). Não são da Igreja, são os restantes dos judeus que serão salvos e serão os súditos do reino de Jesus Cristo (Is 10.22; Rm 9.27).

Sombras, Tipos e Mistérios da Bíblia

b) Uma multidão inumerável de todas as nações (7.9-17). Estas passaram pela Grande Tribulação, e agora são recebidas por Deus. São os que completam o número de conservos e irmãos, juntamente com os que estavam debaixo do altar (6.9-11). Tomam parte na primeira ressurreição (20.4-6).

7º Selo (8.1-6) — Os sete anjos se preparam para tocarem as sete trombetas.

"O incenso subiu com as orações dos santos" (v. 4). O incenso é símbolo de nossas orações, que em todo tempo têm valor. "Suba a minha oração como incenso, perante a tua face" (Sl 141.2). Ver Apocalipse 5.8; 8.2, e referências a Deus; ouvir orações de Zacarias (Lc 1.13); Cornélio (At 10.4); Jó (Jó 42.10); Daniel (Dn 10.12) e outros.

1ª Trombeta — Saraiva e fogo misturado com sangue, queimando a terça parte da terra, das árvores e da erva verde. Tudo é castigo de Deus. Pode ter sentido literal, e pode representar destruição de personagens salientes no governo e de fontes de produção e de riqueza.

2ª Trombeta — Um monte ardendo caiu no mar. Pode ser um cataclismo ou uma revolução que prejudique a navegação, o comércio e a atividade dos homens.

3ª Trombeta — Caiu uma estrela chamada Absinto, e prejudicou os rios e as fontes de água que se tornaram amargas e venenosas. Pode ser literal, mas também pode ser uma doutrina errada, apostasia — A estrela é luz, ali é morte. O ensino espiritual que devia trazer luz trouxe morte.

4ª Trombeta — Foi ferida a terça parte do sol, luz e estrelas, para que houvesse trevas. São feridos os poderes do governo. Pode ser o primeiro fracasso do Império Romano, na pessoa da 7ª cabeça da besta (Ap 13.3). Imediatamente o poder de Satanás se revela. Pode ser o meio da semana, quando o Anticristo quebra o contrato com o povo judeu.

Estas quatro primeiras trombetas trouxeram uma série de juízos por meio de coisas naturais. As três últimas trarão fenômenos sobrenaturais. Um anjo chegou a bradar: "...Ai! ai! dos que habitam sobre a terra! por causa das outras vozes das trombetas..." (8.13b).

Símbolos do Apocalipse I

5ª Trombeta — (9.1-12) — Uma estrela caiu e abriu o poço do abismo. Saiu fumaça, e escureceu o sol e o ar, e apareceu uma praga de gafanhotos. Os gafanhotos comuns só comem erva, aqueles não destroem nem comem nada. Só fazem atormentar os homens que procurarão morrer e não haverá morte. São demônios que têm como rei o Destruidor que é Satanás. A humanidade brinca, buscando os espíritos malignos. Deus proíbe a seu povo fazer isto. Naqueles dias, o poço do abismo será aberto e virão sobre a terra para atormentar por cinco meses.

6ª Trombeta — Foram soltos quatro anjos maus que tinham exércitos de duzentos milhões de cavaleiros, para matar a terça parte dos homens. Pela descrição dos cavaleiros (vv. 17-19) pode se ver que não são homens, são forças malignas para destruir. Os homens que não foram mortos não se arrependeram de suas maldades (v. 21).

Como aconteceu com os selos, entre a 6ª e 7ª trombeta há um intervalo, e aparecem dois símbolos: *O livrinho* que foi comido por João; e as *duas testemunhas*.

O livrinho (Cap. 10)

João viu um anjo forte com um livrinho na mão (vv. 1,2), e recebeu ordem para comê-lo. Comendo-o, achou que era doce como mel, mas depois sentiu amargor no ventre. Ezequiel teve uma experiência igual à de João (Ez 2.9; 3.3). O significado era que João tinha de receber a palavra de Deus para transmitir aos outros. O crente acha a palavra de Deus agradável e doce como mel (Sl 19.10; Jr 15.16), mas, quando vai pregar, encontra tristeza e amargura, com a incredulidade e a oposição do mundo.

Capítulo 14

Símbolos do Apocalipse II

"Os quais noutro tempo foram rebeldes, quando a longanimidade de Deus esperava..." (1 Pe 3.20a).

As Duas Testemunhas (11.1-14)

São dois varões enviados por Deus com poder para profetizarem por 1.260 dias (vv. 3-7). Este período corresponde a 3 1/2 anos da primeira metade da semana de anos. No meio da semana o Anticristo os matará em Jerusalém, "onde seu Senhor foi crucificado" (v. 8). Jerusalém está dominada por tantos pecados que é comparada a Sodoma e Egito, mas ali as testemunhas de Deus pregarão. Os que se converteram com sua mensagem, devem ser os mártires dos capítulos 6.9 e 7.9.

Durante três dias e meio, permanecerão mortos e serão vistos pelos povos de várias partes do mundo. Como progresso da ciência, por meio da televisão e outros tipos de comunicação, será possível acontecer isto em três dias e meio.

Então Deus os ressuscitará e os chamará para o céu, causando grande espanto aos inimigos. Segue-se um terremoto bem terrível (vv. 13 e 14).

7ª *Trombeta* — "Os reinos do mundo vieram a ser de nosso Senhor e do seu Cristo". Realiza-se aqui o que os santos rogaram, e por isso estão agradecendo (v. 17). Esta trombeta do juízo é mais um *ai* para Satanás e seu povo. A sétima trombeta dá lugar à outra série de juízos, por meio das sete taças da ira de Deus.

Um parêntese na apresentação dos juízos (11.19-14.20)

Antes de virem as taças, há este trecho, com diversas visões que servem de explicação, ou ajudam a compreender todo o conteúdo dos capítulos 4 a 11 e 15 a 19. Aparecem detalhes do ambiente onde são executados os juízos de Deus; e são mencionados agentes e forças inimigas que ajudam a entender melhor a razão da destruição que é realizada.

Abriu-se o céu (11.19) e foram vistos o Templo de Deus e a arca do concerto. Seguiram-se relâmpagos, vozes, trovões, terremotos e saraiva. Deus estava anunciando alguma coisa de alta significação e importância. Os capítulos 12,13 e 14 trazem visões, que não formam sequência com a parte anterior, nem com o que segue, mas têm uma relação que se descobre no estudo progressivo.

R. H. Boll, em seu livro "O Apocalipse e Revelação de Jesus Cristo", chama *o pano de fundo* de todo o período dos capítulos 4 a 19. Capítulo 12.1-5, quanto ao tempo, pode ser antes de 4.2. O capítulo 12.7 até 13.18 acontece no mesmo tempo das trombetas e das taças. A besta vem entre a 6ª e a 7ª trombeta e durante as taças.

Capítulo 12 – *A mulher e seus inimigos*

A mulher é a nação israelita. A coroa de 12 estrelas fala das 12 tribos de Israel. A lua debaixo dos pés (v. 1) é o mesmo Israel, que brilhou como nação, está obscura agora, e brilhará no futuro. É como a lua que alumia, fica escura, e depois alumia de novo.

O dragão é Satanás (v. 9) que manifestou seu ódio desde quando Jesus nasceu, usando Herodes (Mt 2.3,7,9.16); e continua odiando a pessoa de Jesus.

A mulher foge para o deserto, onde há um lugar preparado por Deus (v. 6). Deus protegeu Jesus, mandando-o para o Egito, no tempo de Herodes. Sustentou o povo judeu durante tantos séculos, e os inimigos não puderam exterminá-lo. Do mesmo modo há de preparar um refúgio contra a ira do dragão naquele tempo.

Satanás expulso dos céus (vv. 7-9) — Agora ele vive rodeando a terra, tentando os homens (1 Pe 5.8), e vai à presença de Deus (Jó 1.6; 2.2) para acusar os crentes de dia e de noite (v. 10). Naquela ocasião haverá guerra entre Miguel e seus anjos contra o dragão que será expulso dos céus e ficará zangado, porque sabe que falta pouco tempo para seu julgamento (v. 12). Ele é expulso exatamente no meio da semana, e, irado por isso, vai perseguir a mulher.

Começa a Grande Tribulação, quando o Anticristo, inspirado por Satanás, quebra o acordo com o povo judeu.

O lugar deserto para onde a mulher vai é o mesmo referido no versículo 6. Ali fica protegida por Deus por três anos e meio, correspondentes à segunda metade da semana de anos.

A água como um rio que a serpente (o mesmo Satanás) lança contra ela são multidões e povos; água são povos, nações e línguas (17.15). "A terra...tragou o rio" (v. 16) é outra vez a intervenção de Deus.

O dragão foi fazer guerra ao resto de sua semente (v. 17). Satanás é sempre o mesmo inimigo do povo de Deus. Mostra sua persistência em combater quem busca a Deus. Este resto da semente é a única parte fiel dentre os judeus. A maioria adere ao Anticristo, e vai para a perdição. O mesmo que perseguiu os fiéis desde o começo continuará perseguindo até o fim.

Capítulo 13 – A besta que subiu do mar e a besta que subiu da terra

Como Deus se manifesta na redenção da humanidade em três pessoas, que formam a Trindade, Satanás se apresentará naquele tempo numa trindade maligna. São duas bestas e o dragão (vv. 4 e 11). Podem ser conhecidos como: O Diabo, o Anticristo e o Falso Profeta (ver 19.20; 20.10).

Tudo é dirigido pela influência de Satanás, que dá todo o poder à primeira besta (v. 4) e faz a segunda falar como ele (v. 11).

O dragão é o Antideus, a primeira besta é o Anticristo, e a segunda é o Antiespírito. As duas bestas agem de comum acordo que em muitos casos, nem se pode distinguir a pessoa de uma da outra.

O governo de então será o Império Romano restaurado.

Daniel viu quatro animais: um leão, um urso, um leopardo e uma fera desconhecida. São símbolos dos quatro impérios mundiais que governaram a humanidade: o babilônico, o medo-persa, o grego e o romano (Dn 7.2-28). O quarto animal ali tinha dez chifres, depois aparecia uma ponta pequena, que se engrandecia contra os santos e os vencia (v. 21). Isto era um rei que havia de falar contra o Altíssimo e destruir os santos que seriam entregues em sua mão por um tempo e tempos e metade de um tempo" (Dn 7.23-25). É exatamente o que faz a primeira besta em Apocalipse 13.5-7. Foi assim o rei do quarto reino da visão de Daniel, que fez esta perseguição aos santos, até ser destruído, e o reino ser dado aos santos do altíssimo. Do mesmo modo o Anticristo maltrata o povo de Deus, até ser destruído seu reino, pela vinda de Jesus Cristo.

A primeira besta (v. 1) sobe do mar, que representa povos (ver 17.15). Não é um judeu, é um elemento romano que restabelece o Império.

A segunda besta (v. 11) sobe da terra. É um judeu que representa seu povo, no acordo que a primeira faz com Israel por sete anos (Dn 9.27).

Há quem diga que o Anticristo é uma doutrina, uma apostasia, uma ideologia como o comunismo. Não há base bíblica para tal ideia. O anticristo é um homem, que exerce o governo absoluto no mundo, no lugar de rei. Entre os expositores bíblicos cristãos, é mais comum a divergência sobre o qual das duas bestas do capítulo 13 será o Anticristo. Uns dizem que é a segunda que saiu da terra, porque é um judeu, e os judeus, dizem eles, não aceitam um rei que não seja de sua nação. Há quem pense que o Anticristo pode ser Judas Iscariotes. Não acham confirmação bíblica para o nome de Judas. E, quanto aos judeus aceitarem um rei que não seja de seu povo, já houve um exemplo claro das Escrituras. Quando Pilatos perguntou: "...Hei de crucificar o vosso Rei? Responderam os principais dos sacerdotes: Não temos rei, senão César" (Jo 19.1 5b). Se aceitarem no passado o imperador romano, não haverá problema para aceitarem outra vez, confirmando uma lista de passagens bíblicas.

A besta que saiu do mar é o Anticristo, e a que saiu da terra é o Antiespírito. Esta faz que a terra e seus habitantes adorem a primeira besta (13.12), como o Espírito Santo faz com que adoremos Jesus Cristo.

O reino daqueles dias será o Império Romano, porque nas profecias de Daniel não se fala doutro, mas do quarto animal ou quarto reino. Se não há um quinto Império Mundial, é ele mesmo.

Ainda Daniel diz: "...o povo do príncipe que há de vir destruirá a

Símbolos do Apocalipse II

cidade e o santuário... e fará um concerto com muitos por uma semana, e na metade da semana fará cessar o sacrifício..." (Dn 9.26b,27a). Quem destruiu a cidade de Jerusalém e o templo depois de Daniel foi o povo romano, comandado por Tito, no ano 70. Então o povo romano é o mesmo do príncipe que faz o acordo por uma semana com os judeus.

O quarto animal de Daniel tinha dez chifres (7.7), a primeira besta tinha dez chifres (Ap 13.1), e tinha as características dos quatro animais: boca de leão, pés de urso, semelhança de leopardo e os dez chifres da quarta fera. É o representante da última fase da história dos governos do mundo.

Achamos razão para afirmar que a primeira besta é o Anticristo porque foi seu povo quem destruiu Jerusalém (Dn 9.26). É semelhante aos quatro animais da visão de Daniel e, particularmente, ao quarto (7.7). Tem características de Jesus Cristo, para aparecer como se fosse Ele. Como Jesus Cristo:

a) Foi-lhe dado poder sobre toda tribo, e língua, e nação (vv. 2 e 7).
b) Recebeu um trono (v. 2).
c) Foi ferida mortalmente e foi curada (v. 3).
d) Tinha boca para proferir grandes coisas (v. 5; Dn 7.8).
e) Foi adorada (v. 8).

No capítulo 17, aparece outra vez a descrição da besta, indicando mais claramente que é um elemento romano.

A besta que subiu da terra não tem as características acima, é o Falso Profeta (19.20; 20.10). É um judeu que tem mais o papel de líder religioso, como o Anticristo é o líder político.

Em Daniel capítulo 2, o rei Nabucodonosor teve um sonho no mesmo assunto da visão de Daniel. Viu uma estátua de quatro metais: ouro, prata, cobre e ferro, representando os mesmos quatro impérios mundiais. As pernas de ferro (Dn 2.33,41-43) correspondiam ao império romano, mas tinham uma parte de barro nos pés. O ferro ali é o poderio militar de Roma, e o barro é símbolo do judeu. "...Eis que, como o barro na mão do oleiro, assim sois vós na minha mão, ó casa de Israel" (Jr 18.6b).

As pernas e parte dos pés de ferro são o lado romano, representado pelo Anticristo; e a parte de barro, o lado judeu, representado pela segunda besta, o Falso Profeta.

Quando estão exercendo este governo orientado por Satanás, chega a hora do juízo, caindo a pedra (Dn 2.34,35,44,45) que é Jesus Cristo, que destrói tudo e estabelece o seu Reino. A palavra Anticristo não aparece em Apocalipse, só vem na primeira epístola de João 2.18-22. Quem prejudica a obra de Cristo é um anticristo, mas virá o Anticristo. O prefixo *anti* quer dizer *contra* e em *lugar de*. O que há de vir será espiritualmente contra Cristo e publicamente quererá aparecer como se fosse o próprio Cristo. O sinal da besta (v. 16) será uma coisa visível para identificação, uma marca, distintivo ou coisa semelhante talvez impresso ou tatuado em cada pessoa. Quem não for partidário ou devoto da besta sofrerá toda sorte de impedimento e restrição.

O *número 666*. Este assunto é explicado no fim do capítulo sobre Numerologia. "É o número de um homem" (v. 18), porém cremos que ninguém pode identificar o Anticristo agora. Muitos dizem que é o Papa, porque tomou o lugar de Jesus Cristo na terra, e muitos títulos e distintivos que adota têm, nas letras latinas, este valor (ver sobre numerologia). Mas não ousamos dizer que é o Papa. O Anticristo é um só, e o Papa vem numa série ou sucessão, tem havido muitos.

Um personagem que mais se ajusta a este número é Nero César, que foi imperador romano, porém, não temos coragem de afirmar que é ele. Quando se manifestar o Anticristo, nós, os crentes, não estaremos neste mundo, não precisamos saber exatamente quem é.

No estudo do capítulo 17 haverá mais material sobre a besta em relação a Roma e ao nome de Nero.

Capítulo 14 – *Sete visões breves*

Cada uma delas é completa em si mesma, e faz parte dos detalhes da hora do juízo. Deus está julgando o mundo, os santos estão com Ele. Na terra, Satanás está irado. Caem os castigos de Deus sobre o mundo, e o inimigo organiza o poder universal do Anticristo, o que provoca a Grande Tribulação. Satanás quer destruir Israel, que é alvo de seu ódio. É "o dia da angústia de Jacó" (Jr 30.7), ou "...da hora da tentação que há de vir sobre todo o mundo..." (Ap 3.10). Aquela época é a referida em Mateus 24.21,22, quando, "se não fossem abreviados aqueles dias, nenhuma carne se salvaria". Mas são abreviados por

Símbolos do Apocalipse II

causa dos escolhidos, os dois grupos: os 144.000 judeus que saem da tribulação, purificados como ouro, e os mártires gentios que lavaram suas vestes no sangue do Cordeiro (cap. 7).

O plano de Satanás é manter uma época de tempo bom sob o governo do Anticristo, para seus súditos viverem satisfeitos, para darem glória e honra à sua obra como se fosse de Deus. Por sua astúcia, enganará os homens para acharem que há progresso, grandeza e tranquilidade (Dn 8.24,25). Mas este plano é blasfêmia contra Deus porque o Anticristo, sob o poder de Satanás, quer ser reconhecido como Deus. Por isso o Senhor Deus dos céus e da terra despejará sobre o seu reino todas aquelas taças da ira e da condenação. Afligido pelos castigos, ele descarregará sua perversidade sobre os que reconhecerem a vontade de Deus e desobedecerem a seus planos.

As sete visões breves do capítulo 14 são

1. O Cordeiro com o restante remido de Israel (o mesmo grupo de 7.1-8) no monte de Sião.

2. Um anjo oferecendo oportunidade mais uma vez, convidando os habitantes da terra a temerem a Deus e dar-lhe glória, por meio de um evangelho eterno (vv. 6 e 7).

3. Outro anjo anunciando a destruição de Babilônia (v. 8). Babilônia é um poder político e também um poder espiritual. Aqui é só o anúncio, os detalhes serão estudados no capítulo 17. Babilônia aqui e no capítulo 17 se refere à Igreja Católica Romana que se vendeu ao mundo para tornar-se grande. No capítulo 18 se refere a Roma, capital do reino do Anticristo, cidade comercial, riquíssima e extremamente corrompida.

4. Outro anjo avisando sobre o castigo para os que adorassem a besta, a sua imagem, ou recebessem o seu sinal (vv. 9-1 1).

5. Uma voz do céu confortando os que morressem na perseguição.

6. O próprio Jesus Cristo com uma foice para ceifar a terra (vv. 14 a 16). Tem referência à parábola do trigo e do joio (Mt 13.37-43). Os anjos cooperarão, mas quem ordena tudo é "o Filho do homem" (Jesus). Ver o versículo 14.

7. A vindima (vv. 17-20). A ceifa é o castigo sobre os homens, a vindima é a destruição da religião apóstata. A vinha produziu frutos que não agradavam a Deus. As uvas foram para o lugar da ira de Deus, que era fora da cidade de Jerusalém (v. 20). Fora da cidade Jesus foi crucificado e no mesmo lugar será o lagar da ira. O sangue foi até os freios dos cavalos por 1.600 estádios. 1.600 estádios é a extensão da Palestina. Ver referência à vinha (Is 5.1; Jr 2.21).

Capítulos 15 e 16 – *As sete taças da ira de Deus*

Primeiro aparece um grupo composto dos que venceram a besta, sua imagem, seu sinal e seu número (v. 2) e cantam louvando a Deus, cheios de gratidão. Cantavam "o cântico de Moisés e o cântico do Cordeiro" (v. 3). O cântico de Moisés foi entoado pelo povo de Israel, quando Deus os livrou da perseguição de faraó (Êx 15). O cântico do Cordeiro é o louvor dos salvos, reconhecendo a graça de Deus que veio por Jesus como Salvador.

Os versículos 5 a 8 começam a visão dos anjos com as taças. Abriu-se o templo (v. 5) e ouviu-se uma voz vinda do templo (16.1). A ordem para derramar as taças era diretamente de Deus.

1ª Taça — (16.2) — Faz-se uma chaga maligna sobre os homens que tinham o sinal da besta. A corrupção tomando proporções maiores.

2ª Taça — (16.3) – O mar se tornou em sangue de um morto. Morte espiritual, não física. Aqui não há guerra. Satanás toma conta das almas.

3ª Taça — (16.4-7) — Os rios e as fontes se tornam em sangue. Os rios e as fontes dão de beber, aqui se tornam em sangue como castigo. É luta e violência onde devia haver paz. Pode ser na sociedade e na família.

4ª Taça — (16.8,9) — Os homens são abrasados pelo sol, blasfemam contra Deus e não se arrependem. O sol é o governo daquele tempo, que se torna despótico e intolerante.

5ª Taça — (16.10,11) — O reino da besta se faz tenebroso. Lembra as trevas que caíram sobre o Egito no tempo de Moisés. Aqui é escuridão espiritual. Parece a vida do inferno, porque os homens mordem as línguas com a dor e não se arrependem.

6ª Taça — (16.12-16) — Seca-se o rio Eufrates e três espíritos imundos surgem para congregar o mundo para uma batalha. O rio Eufrates

Símbolos do Apocalipse II

no passado foi o limite do Império Romano. Os três espíritos são o dragão, a besta e o falso profeta (v. 13), porque tudo é planejado e realizado por eles. O ideal do Anticristo é exterminar Israel que até aqui tem sido protegido por Deus. Secando o Eufrates, abre-se o caminho dos "reis do Oriente" (v. 12). Estes são os russos, cumprindo a profecia de Ezequiel 38 e 39. As palavras *Gogue e Magogue* ali são a Rússia. *Meseque* e *Tubal* têm as mesmas consoantes no hebraico que correspondem a *Moscou* e *Tobolski*, as cidades principais da *Rússia* atualmente. Enquanto o Império Romano se mostra poderoso pela habilidade de seus líderes e pelos milagres que realiza (Ap 13.13), os russos formam um bloco poderoso, pelos seus grandes exércitos e pelas massas humanas de seus aliados: "Persas, etíopes, os de Pute... Gomer, Togama... muitos povos" (Ez 38.5 e 6). Naquela ocasião os russos vêm se ajuntar aos exércitos do Anticristo no lugar chamado *Armagedom* (v. 16). A palavra *Armagedom* é derivada de *Megido*, onde Baraque lutou (Jz 4). Ali os céus pelejaram, até as estrelas pelejaram (Jz 5.20). Nesta passagem é só a preparação, ou reunião para a batalha. O resultado é apresentado no capítulo 19, onde deve ser estudado. Não houve luta, porque Jesus Cristo destruiu tudo (cap. 19).

7ª *Taça* — (16.17-21) — Ouve-se uma voz no templo dizendo: "Está feito". Com a 6ª taça, cujo resultado termina em 19.19 a 21, chega ao fim do julgamento dos homens. Vejam-se as expressões: "nelas é consumada a ira de Deus" (15.1); "até que se consumassem as sete pragas" (15.8); e "Está feito" (16.17).

A preparação da batalha para esmagar Israel (vv. 14-16) é o auge do esforço do Anticristo. No começo da semana de anos foi feito o concerto (Dn 9.27) por interesse material. Não havia amizade, nem confiança entre as duas partes. O ferro e o barro não se unem (Dn 2.43). O líder judeu, que é o falso profeta, reconhece a possibilidade de ataque de todas as nações em redor.

Zacarias profetizou sobre um ajuntamento de "todas as nações" (Zc 14.2) e falou antes de um "cerco contra Jerusalém" (12.2). Aquela profecia nunca foi cumprida, porque Deus promete livrar o povo ou o resto do povo de Israel, em Jerusalém mesmo (ver Zc 12.6,7 e 8). Quando Nabucodonosor tomou Jerusalém, não deixou o povo lá. Os restantes foram como cativos para Babilônia. A cidade foi destruída.

Quando Tito tomou no ano 70 d.C. também destruiu a cidade, e levou os sobreviventes como escravos para Roma e para o Egito.

Então o judeu faz o acordo com o Anticristo, para salvar seu povo daquele ataque. Deus anula este acordo para que os judeus sejam provados. Os que aderirem ao Anticristo perecerão, e os "restantes" fiéis serão preservados pela graça de Deus.

O Anticristo faz o acordo interessado nas riquezas da Palestina. (Ver as referências ao mar Morto e aos minérios de Israel, neste livro, no capítulo sobre o judeu e Jerusalém).

No meio da semana, o Anticristo anula tudo e persegue Israel, até culminar com a cena de Armagedom.

Capítulo 15

Símbolos do Apocalipse III

"Deus não se deixa escarnecer; porque o que o homem semear, isso mesmo ceifará" (Gl 6.7).

A Queda da Babilônia (17.1; 19.10)

Com a sétima taça começou o castigo sobre Babilônia. Houve relâmpagos e trovões, e Deus "se lembrou de Babilônia" para dar sua sentença (19.18,19).

No capítulo 17, a pessoa que ocupa mais espaço é uma mulher classificada como prostituta (v. 1), mãe de todas as prostituições (v. 5).

Está sentada sobre uma besta (vv. 7 e 9) e também sentada sobre muitas águas (vv. 1 e 15). A mulher vestida ricamente (v. 4) tinha na mão um cálice cheio de abominações, na testa o nome: Mistério (v. 5) e estava embriagada de sangue dos santos (v. 6).

Esta mulher é identificada como "a grande cidade que reina sobre os reis da terra" (v. 18), que tem aqui o nome de Babilônia (16.19; 17.5).

Babilônia, capital de Nabucodonosor, foi destruída; é um lugar deserto, onde dizem que aparecem espíritos maus, para perturbar quem ousar dormir nas suas ruínas. Cumpre-se Isaías 13.19-22. Cremos que nunca será reedificada.

Babilônia aqui vem com um sentido simbólico. Há uma relação entre ela e a mulher. A mulher prostituta é uma cidade, e a cidade é

Sombras, Tipos e Mistérios da Bíblia

chamada Babilônia. João usa aqui Babilônia significando Roma. Como Babilônia foi a cidade e o poder político que perseguiu e combateu o povo de Deus no Antigo Testamento, Roma foi que perseguiu os cristãos na era da Igreja.

A mulher (vv. 1 a 7 e 16 a 18) representa o cristianismo apóstata que em adultério com o mundo se desviou do Evangelho. A principal aplicação deve ser feita à Igreja Católica Romana que arroga a si a autoridade sobre as nações. Dá muita ênfase aos "mistérios" (v. 5), possui imensas riquezas, e derramou tanto sangue dos fiéis a Jesus Cristo:

a) "Estava assentada sobre muitas águas" (v. 1). "São povos, multidões, nações e línguas" (v. 15). Não está entre as nações, mas sempre procura dominar as nações.

b) "Vestida de púrpura, escarlata, ouro e pedras preciosas" (v. 4).

No Vaticano está a maior riqueza do mundo ocidental.

c) "Sentada sobre sete montes" (v. 9). Roma é realmente uma cidade do mundo edificada sobre sete montes: *Palatino, Quirinal, Aventino, Celiano, Viminal, Esquilino* e *Janiculano*.

d) "Os reis da terra se embriagaram com o vinho de seu cálice" (vv. 2 e 4). Sua doutrina tem dominado os governos de todas as nações. Ela "reina sobre os reis da terra" (v. 18).

e) "Mãe das prostituições e abominações da terra" (v. 5). Devia ser a noiva pura de Jesus Cristo, mas deixou a Bíblia e arranjou toda sorte de mistérios e dogmas condenados por ela.

A *besta*, sobre qual está assentada a mulher (vv. 3,7,8 a 17), é a mesma de 13.1-10. A palavra besta aqui tanto significa o Anticristo, como o Império Romano. O Anticristo é seu representante.

Os dez chifres são dez que ainda não receberam o reino (v. 12), mas receberão poder junto com a besta. Cooperam com o Anticristo e se levantarão contra a prostituta (v. 16), porque Deus permite que aborreçam aquela mulher a ponto de destruí-la.

Babilônia neste capítulo é, em primeiro lugar, a Igreja Católica Romana que estará numa coligação com o governo do Anticristo. Naquele dia será destruída pelos próprios reis da terra, cooperadores do Anticristo, com a permissão de Deus.

Símbolos do Apocalipse III

A referência à besta e aos outros reis que com ela se relacionam ajuda a esclarecer outras coisas sobre o Anticristo. "Cinco deles caíram, um existe, e o outro não é vindo; e, quando vier, convém que dure por um pouco de tempo. E a besta que era e já não é, é também o oitavo e um dos sete, e vai para a perdição" (v. 10 e 11).

O versículo 8 diz: "a besta que viste foi e já não é, e há de subir do abismo". Os sete montes de Roma são sete cabeças da besta (13.1; 17.9). Estas palavras ditas a João vêm comprovar o fato de ser um romano o Anticristo, porque só na história dos Césares encontramos aquela descrição. Eram sete reis (v. 10); cinco tinham caído antes de João ter estas visões, um estava governando, e a besta ainda não tinha chegado. A besta foi e já não é, e há de subir do abismo (v. 8). Governou, morreu, e há de vir.

Nos dias de João, cinco dos Césares tinham caído, morrendo por morte violenta, assassinato ou suicídio. Foram: *Júlio César, Calígula, Cláudio, Tibério* e *Nero*. "Existe um". Estava governando *Domiciano*. A besta seria o *oitavo* e *um dos sete* (v. 11). Em toda a história, e em todo o cenário humano, a pessoa que parece mais enquadrada no lugar do Anticristo é Nero César. Foi um dos sete e um que *caiu* antes de João ouvir estas palavras. E a cabeça da besta que foi ferida de morte e "curada" (deve ressuscitar — 13.3). É do povo (romano) que destruiu a cidade de Jerusalém e o Santuário (Dn 9.26). Cumpre as palavras do versículo 11 e seu nome no hebraico tem o valor de 666.

Apesar de todas estas indicações, a identificação do Anticristo não é importante para os crentes, que não estarão mais neste mundo quando ele aparecer. Outros irmãos, expositores da Bíblia, pensam que deve ser um judeu. Não discutimos sobre isso. Só não podemos aceitar que seja uma doutrina, uma apostasia ou uma corrente política. É um homem que procura ocupar o lugar de Jesus Cristo, e será destruído por Ele em sua vinda gloriosa.

Capítulo 18 - *Babilônia neste capítulo tem outro sentido*

Em 17.16,17, os reis da terra têm ódio de Babilônia, aborrecem a prostituta e a queimam no fogo. Em 18.15-19, choram e lamentam com grande tristeza a sua destruição. Em 17.5, Babilônia é Roma, significando o poderio resultante do Cristianismo falsificado, unido ao poder político do Anticristo. No capítulo 18, Babilônia quer dizer Roma como cidade comercial, capital do Anticristo, que prosperará extraordinariamente, tornando-se grande centro de comércio, célebre pelas artes, diversões e pecados. No capítulo 17 vem o fim da Igreja Católica Romana, e no 18 o fim da grandeza de Roma, sede do governo do Anticristo. Os reis da terra se gloriam com o fim da Igreja católica, e choram o fim de Roma comercial.

Pode haver divergência nos comentadores sobre detalhes, porém a Bíblia é clara acerca da queda de Babilônia. Roma, sede da Igreja Católica, e capital do reino do Anticristo, tanto no lado místico da religião, adulterado pelos dogmas e mistérios, como no lado artístico e cultural, obras de beneficência, festividades e influência política, desagrada a Deus. E naquela ocasião será castigada e destruída para sempre.

O anjo jogou uma pedra no mar, simbolizando Babilônia, e disse seis vezes: "nunca mais" (vv. 21-24). Ali foi derramado o sangue dos profetas, dos apóstolos e dos santos, e Deus julgou sua causa.

Capítulo 19 – *Alegria no Céu pela vitória do Senhor*

Com o julgamento e castigo da prostituta e da cidade, há um brado de alegria dos remidos. Este capítulo é o único onde está na Bíblia a palavra *aleluia* (4 vezes).

"Uma grande multidão" (vv. 1-3) louvava a Deus e exultava. Não é a Igreja, só podem ser os mártires de 6.9 e 7.9,10.

"Os 24 anciãos" são a Igreja (v. 5), e aconselham a louvar a Deus. A alegria é geral (v. 7-19). São anunciadas as bodas do Cordeiro.

O noivo é Jesus Cristo, a noiva é a Igreja, somos nós, transformados e livres do pecado, dignos de estar perante Deus.

Em um casamento há os convidados e amigos. Ali serão "Bem--aventurados os que são chamados às bodas" (v. 9). São os santos de Adão até João Batista. Jesus disse: "entre os nascidos de mulher, não apareceu alguém maior do que João Batista, mas o menor no reino dos céus é maior do que ele" (Mt 11.11). Individualmente ninguém é maior do que João Batista, porém, naquele casamento, João é um convidado, amigo do noivo (Jo 3.29). A Igreja é a noiva, o membro mais humilde da Igreja estará em maior honra do que ele.

Símbolos do Apocalipse III

A Vitória do Cordeiro (19.11-21)

Esta visão é o que realmente se pode chamar a vinda do Senhor. Aqui ele aparece com os seus santos (1 Ts 4.14; Jd 14 e 15) para condenar os ímpios: "todo olho o verá" (Ap 1.7). Sentar-se-á "no vale de Josafá" (Jl 3.12) para julgar as nações.

Vem montado num cavalo branco (vv. 11-16). O Anticristo também veio num cavalo branco (6.1-2), mas este é diferente. Jesus aparece vindo do céu aberto, o Anticristo veio da terra. Jesus tem uma espada saindo de sua boca (v. 15), o Anticristo tem arco, não tem espada.

A descrição dos versículos 12 e 16 mostra outros atributos de Jesus Cristo, e seu nome é "Fiel e Verdadeiro" (v. 11), "Rei dos reis e Senhor dos Senhores" (v. 16).

O Anticristo estava com os seus exércitos, "a besta e os reis da terra reunidos, para fazerem guerra àquele que estava assentado sobre o cavalo e ao seu exército" (v. 19).

Estão no lugar chamado Armagedom os aliados do Anticristo com os reis do oriente que passaram o Eufrates (16.12-14) e se congregaram, para juntos atacarem Jerusalém. Aparecendo o cavaleiro (19.1), o próprio Senhor Jesus, resolveram fazer guerra contra Ele. Não haverá batalha em Armagedom, é só a preparação dos exércitos da besta, a quem Jesus Cristo "destruirá pelo assopro de sua boca e aniquilará pelo esplendor de sua vinda" (2 Ts 2.8).

O Anticristo e o Falso Profeta foram presos e lançados vivos no lago de fogo e enxofre (v. 20). E os aliados que formavam aqueles exércitos foram mortos todos (v. 21).

Acabou-se a grandeza do Anticristo, terminou a semana de anos e Jesus Cristo está aqui na terra para julgar os vivos.

O julgamento dos gentios, foi apresentado nas palavras do próprio Jesus Cristo em Mateus 25.31-46.

Quem procura entender o Apocalipse por seu próprio entendimento, sem recorrer ao Espírito Santo, que nos ensina tudo (Jo 14.26), ou sem pedir sabedoria a Deus (Tg 1.5), chega a conclusão de que é *livro difícil*. Ouvi há muitos anos um irmão desse tipo dizer: "Apocalipse é difícil, leia os Evangelhos". Parece que o tal irmão não lia nem um nem os outros.

De acordo com a razão humana, os capítulos 24 e 25 de Mateus são mais difíceis de entender do que todas as visões do Apocalipse.

"Se alguém dentre vós necessita de sabedoria, peça-a a Deus, que a todos dá liberalmente" (Tg 1.5). É só ter humildade para reconhecer que não sabe, e fé em Deus, sabendo que Ele atende aos que o buscam.

O Julgamento das Nações (Mt 25.31-46)

Para compreender este assunto, precisamos recordar as três classes em que a humanidade está dividida na linguagem do Novo Testamento. "Portai-vos de modo que não deis escândalo nem aos judeus, nem aos gentios, nem à igreja de Deus" (1 Co 10.32).
Referências aos judeus: João 4.22; Romanos 3.1,2; 9.4,5.
Referências aos gentios: Marcos 7.27,28; Efésios 2.11,12; 4.17,18.
Referências à Igreja: Efésios 1.22,23; 5.29-33; 1 Pedro 2.9.
O judeu é o que descende do sangue de Abraão que foi chamado por Deus (Gn 12).
O gentio é o elemento de qualquer nação que não vem de Abraão.
A igreja "um povo... especial, zeloso de boas obras" (Tt 2.14) que Deus remiu e chamou para lhe pertencer. É tirado de judeus e gentios. Começou no Pentecoste em Atos 2, e termina com o arrebatamento em 1 Tessalonicenses 4.

O Judeu, o Gentio e a Igreja de Deus em Mateus 24 e 25

Estes dois capítulos apresentam uma profecia que parece ser a mais difícil do Novo testamento, mas podem ser entendidos com uma divisão correspondente às três classes da humanidade.

1. Referência à nação judaica e Jerusalém. Parte sobre a destruição de Jerusalém no ano 70 d.C., e parte sobre a Grande Tribulação, predita como aflição de Jacó (24.1-44).
2. Referência à Igreja. Contém três parábolas que se aplicam à Igreja, lembrando sua responsabilidade (24.25; 25.30).
3. Referência aos gentios, ou às nações gentílicas (25.31-46).

Quando Jesus destruir os exércitos do Anticristo e os lançar no Inferno junto com o falso profeta, executará este julgamento predito em Mateus 25.31-46.

Símbolos do Apocalipse III

"Quando o Filho do homem vier na sua glória... todas as nações serão reunidas diante dele" (vv. 31 e 32).

Os crentes todos estarão com Ele, os mortos incrédulos só serão julgados em Apocalipse 20.12-15, depois do Milênio. Os que comparecem diante dele são os gentios vivos.

São três classes naquele ajuntamento: os bodes, as ovelhas (v. 32) e os irmãos (v. 40).

Os irmãos são os restantes dos judeus fiéis que sofreram, durante a Grande tribulação, a perseguição do Anticristo.

As ovelhas são os gentios que, na aflição dos judeus, ajudaram com o que eles precisavam. Ganharão, como recompensa, a entrada para participar do reino de Jesus Cristo no Milênio.

Os bodes são os gentios que não socorreram os servos de Deus durante a Tribulação, e serão lançados no Inferno.

Capítulo 20 – O Milênio

Passados os sete anos entre o Arrebatamento da Igreja e o aparecimento glorioso do Senhor Jesus Cristo, estarão julgados e postos no Inferno o Anticristo e todos os que foram considerados como "bodes" em Mateus 25.31-46.

Começará então o que chamamos *o Milênio*. Será um período de mil anos, em que Jesus Cristo reinará aqui na Terra em paz, porque não haverá pecado. Será um ambiente como o da Terra antes de Adão pecar. Há quem diga que não se deve considerar exatamente mil anos, mas um tempo indeterminado, porque a expressão "mil anos" em relação àquele período só aparece neste capítulo, que é o mais simbólico de Apocalipse, e Apocalipse é o mais simbólico dos livros da Bíblia.

Preferimos dizer que são mil anos literalmente, porque aparece seis vezes "mil anos" neste trecho (vv. 1 a 7). Duas vezes na Bíblia se diz que mil anos para Deus são como um dia (Sl 90.4 e 2 Pe 3.8). Deus fez o mundo físico em seis dias, e no sétimo descansou. Com a entrada do pecado, tudo se estragou, e Deus resolveu fazer uma restauração, uma criação espiritual, a redenção da humanidade, e esta também está sendo feita em seis dias, que são seis milênios. Jesus veio no fim do quarto milênio, como o sol foi feito no quarto dia (Gn 1.16-19). Ele é chamado o Sol da Justiça (Ml 4.2). Quando terminar o sexto milênio da história do homem na terra, Deus terá completado a sua nova criação, a criação espiritual do resgate do pecador. Seguir-se-á o sétimo milênio, o dia do descanso espiritual. Mil anos são para Deus como um dia, o Milênio do reino de Jesus Cristo é como o dia de descanso, depois de criar o mundo.

Há ainda uma profecia de Oseias que se refere à restauração de Israel, com a ideia do milênio. "Vinde, e tomemos para o Senhor, porque ele despedaçou, e nos sarará; fez a ferida, e a ligará. Depois de dois dias, nos dará a vida; e ao terceiro dia nos ressuscitará..." (Os 6.1 e 2). O povo de Israel rejeitou a Jesus no começo desta era, e Deus o castigou por dois milênios. Chegando o terceiro milênio, estará cumprida a profecia de Oseias, porque no terceiro dia serão ressuscitados como nação. O Milênio de Jesus Cristo será o antítipo do dia de descanso de Gênesis e do "terceiro dia" de Oseias. Portanto deve ser literal.

Durante o Milênio, desaparecerá a maldição do pecado (Gn 3.14-19). O deserto será campo fértil (Is 32.15). Aquele Varão será o refúgio contra a tempestade (Is 32.1 e 2). "Os mansos herdarão a terra, e se deleitarão na abundância da paz"(Sl 37.11). Satanás estará preso, amarrado por mil anos (Ap 20.2 e 3); não poderá enganar nem estimular os homens para pecarem.

Serão súditos daquele reino os restantes dos judeus, representados pelos 144.000 assinalados, e todos os gentios que auxiliaram os judeus na dura perseguição do Anticristo. Foram chamados "...benditos de meu Pai..." (Mt 25.34b).

Nós, que fazemos parte da Igreja, somos a esposa do Cordeiro, estaremos reinando com Ele. Como José no Egito deu o melhor da terra para os irmãos (Gn 47.11), mas a esposa estava com ele no palácio (Gn 41.45). Os judeus são os irmãos, e nós, a esposa, teremos posição privilegiada.

Primeira ressurreição (vv. 4 a 6). Não se trata de número ordinal, não é a primeira porque venha antes de outras. É a primeira porque é importante, preciosa para Deus. É a ressurreição dos que são aceitos por Deus. Ele mesmo chama "primeira" e diz que é "bem-aventurado quem toma parte nela". É composta dos remidos. No versículo 4 são mencionados "as almas dos que foram degolados pelo testemunho de Jesus" e os "que não adoraram a besta". São os dois grupos mencionados em 6.9 e 7.9,14; 15.2.

A ressurreição é comparada à colheita de trigo: havia as primícias, que eram o primeiro molho; a sega, que era a safra grande, e os rabis-

Símbolos do Apocalipse III

cos, ou gavelas, as espigas restantes, que deviam ser deixadas para os pobres (Lv 23.10 e 20 a 22). Na ressurreição, Jesus foi as primícias (1 Co 15.20), no arrebatamento da Igreja será a sega, a colheita maior (1 Ts 4.13-17); e, na vinda de Jesus, os rabiscos ou restantes, que são aqueles mártires de Apocalipse 20.4.

Tudo é primeira ressurreição, e a Bíblia aqui não fala de "segunda". Sobre os mortos incrédulos usa o verbo, "os outros mortos não reviveram até que os mil anos se acabem" (Ap 20.5). Esta classe ressuscitará após o Milênio, e será condenada ao Inferno.

Satanás reúne Gogue e Magogue (vv. 7 a 10). O Inimigo foi amarrado por mil anos (v. 2), e aqui foi solto um pouco de tempo (v. 7). Saiu a enganar as nações, e consegue formar um exército capaz de cercar a cidade amada, Jerusalém. Seu plano é destruir o Senhor e tomar outra vez o poder. Gogue e Magogue aqui não são a mesma coisa de Ezequiel 38 e 39.

Em Ezequiel a passagem se refere à Rússia; vem "das bandas do norte" em relação a Roma; há exércitos organizados com suas armas, e são mencionados os países aliados. É antes do milênio. São os reis do oriente de Apocalipse 16.12 que atravessam o Eufrates.

Em Apocalipse 20 não há mais exércitos organizados. Satanás percorre "os quatro cantos da terra" (o mundo todo).

Em Ezequiel 38.16 é Deus quem envia Gogue contra Israel; em Apocalipse 20 é Satanás quem ajunta o povo.

Gogue e *Magogue* são todos os gentios que atenderão ao apelo de Satanás e se oporão ao Messias. Depois de haver mil anos de paz, de felicidade completa, ainda os homens atendem a Satanás para destruir Jesus Cristo e sua obra.

Quem serão esses ingratos? Só há duas hipóteses. Ninguém sabe com certeza quem são. Pode ser que haja muita gente que tenha socorrido os judeus na perseguição só por instinto ou temperamento, sem conversão, nem reconhecimento a Deus. Tiveram como recompensa do benefício que fizeram o gozo do Milênio. Quando Satanás aparecer, se revelarão. Outra hipótese é que pode haver procriação no Milênio para os súditos do reino. Nós da Igreja não. Seremos como os anjos de Deus. Para nós não haverá casamento (Lc 20.35,36). Se houver procriação na terra, pode ser que se levante esse grupo rebelde dentre os nascidos durante o Milênio. Não se sabe ao certo se haverá procriação.

Mas Satanás ajunta um exército que será destruído pelo fogo (v. 9), e o Diabo, que os enganava, irá para o lugar preparado para ele (v. 10).
O *julgamento dos mortos incrédulos* (vv. 11-15). É a última parte do juízo. Perante o trono branco apareceram todos os que morreram na desobediência. São mortos grandes e pequenos. Uns tiveram vida escandalosa, outros bem moralizados, mas desprezaram a Deus. Uns eram reis e potentados, outros miseráveis mendigos, porém, todos incrédulos. Foram todos para o lago de fogo.

As Coisas Novas (Capítulos 21 e 22)

João viu "novos céus e nova terra" (v. 1). Os que agora existem serão renovados pelo fogo (2 Pe 3.12,13). Desaparecerá tudo que a civilização humana construiu, e habitará a Justiça de Deus no mundo.

O assunto que ocupa mais espaço na visão das coisas novas é a *Nova Jerusalém* — (21.2 e 22.5).

Não é a Jerusalém terrestre, desce do céu, seu lugar é celestial. É figura da Igreja, tabernáculo de Deus, morada de Deus pelo Espírito Santo (Ef 2.22).

Está "adornada como uma esposa ataviada para seu esposo". Deus estará com o seu povo (v. 3). No Éden Deus passeava com suas criaturas. Quando livrou os israelitas do Egito, prometeu habitar no meio deles (Êx 25.8). Na visão da Nova Jerusalém se realiza este plano de Deus. Confirmam-se as palavras: "estaremos para sempre com o Senhor" (1 Ts 4.17). A cidade é tipo do povo de Deus, pode ser vista pela frequência do número 12. Eram 12 portas, com 12 anjos, com os nomes das 12 tribos de Israel (v. 12) e 12 fundamentos com os nomes dos 12 apóstolos. Em forma de cubo (v. 16), e tem quatro faces que ficam para os lados dos quatro pontos cardeais, como o acampamento de Israel (Nm 2).

O ouro e as pedras preciosas são símbolos do valor e da beleza, que nossa mente limitada não pode avaliar agora. Ali não haverá abominação (v. 27) nem maldição (22.3), e não haverá mais noite (22.5).

O Rio e a Árvore da Vida (22.1-5)

O rio é a graça de Deus (Ez 47.1-12), porque "de Jerusalém correrão águas vivas" (Zc 14.8). Suas correntes "...Alegram a cidade de Deus..."

(Sl 46.4a). Não é para dar vida, porque tudo ali tem vida; é para animar e encher de satisfação, para fazer feliz os remidos na glória.

Quando Adão e Eva pecaram, ficaram privados de comer da árvore da vida (Gn 3.22,23). Pela redenção efetuada por Jesus, os crentes terão direito a comer do seu fruto. "Ao que vencer... darei a comer da árvore da vida..." (Ap 2.7). Os glorificados da Igreja comerão daquele fruto.

A árvore é Jesus Cristo, porque "...esta vida está em seu Filho" (1 Jo 5.11b).

Os versículos 11 a 21 são exortações.

Jesus promete vir dar o galardão a cada um, e manda orar pela sua vinda, "quem ouve diga: Vem". Que Deus nos ajude a viver vigiando.

Apocalipse em Relação ao Gênesis

A Bíblia forma uma revelação única. Os assuntos começados no primeiro livro aparecem no último, completando o pensamento.

Gênesis — Aparecem os céus e a terra (1.1)
Apocalipse — Novos céus e nova terra (21.1)
Gênesis — O primeiro casamento (2.22)
Apocalipse — O casamento do Cordeiro e a Igreja (19.7-9)
Gênesis — Aparece Satanás (3.2-13)
Apocalipse — Julgamento de Satanás (20.10)
Gênesis — Aparecem os mares (1.10)
Apocalipse — O mar não existe mais (21.1)
Gênesis — Primeira referência à morte (2.17)
Apocalipse — Não haverá mais morte (21.4)
Gênesis — Deus fez dois luminares — o sol e a lua (1.16)
Apocalipse — A cidade não precisa de sol nem de lua (21.23)
Gênesis — O homem proibido de comer da árvore da vida (3.22-24)
Apocalipse — O homem com direito de comer da árvore da vida (2.7; 22.2).

Capítulo 16

Aleluia! Amém!

"Aleluia: Salvação, e glória, e honra e poder pertencem ao nosso Deus" (Ap 19.1).

Um homem viajava de navio em um país cuja língua não sabia; por isso não podia conversar com os companheiros. Amanheceu o domingo, ele teve saudade da Escola Dominical de sua Igreja e desejou encontrar um crente no meio daqueles passageiros, para recordar o ambiente da convivência cristã. Mas a língua era um obstáculo. Passeando de um lado para o outro no convés, viu um homem lendo uma Bíblia em língua desconhecida para ele. Passou pela frente do homem que estava sentado, atencioso à leitura, procurando falar com ele. O que lia não desviava a atenção da Bíblia, nem olhava para o outro. O que desejava conversa teve uma ideia, parou perto e exclamou: "Aleluia!" O outro respondeu: "Amém".

Estas duas palavras estão em todas as línguas, e são conhecidas por todos os crentes de todas as nações da terra.

Na linguagem do cristianismo elas têm o sentido de uma expressão da alma e do coração de quem está pensando em Deus e na comunhão com Ele.

São exclamações produzidas pelo reconhecimento da intervenção do poder de Deus nos acontecimentos de nossa vida. Efeitos da identificação do crente com a vontade de Deus, e devem aparecer nos lábios como resultado da condição íntima de um coração submisso ao Senhor e dominado pelo desejo de crescer na graça de Deus.

Sombras, Tipos e Mistérios da Bíblia

Jesus chama de hipócritas os que o honram com os lábios, mas têm o coração longe dele (Mt 15.8; Is 29.13). Por isso é bom ter cuidado em pronunciar estas palavras. Se saírem só dos lábios, expressarão hipocrisia, o pecado mais condenado por Jesus no Novo Testamento (Ver Mateus cap. 23).

Quando alguém grita "Aleluia" sem a gratidão a Deus, sem a alegria e a paz pelo reconhecimento da bênção do Senhor, será hipócrita aos olhos de Jesus. Ou quando uma pessoa diz "Amém" sem concordar com a vontade de Deus, sem desejar de coração que se realize o pensamento da mensagem ouvida, ou da oração do irmão que está ao lado, estará aumentando seu pecado, pela leviandade da palavra.

ALELUIA e *AMÉM* são manifestações de testemunho e de louvor ao Senhor Deus, dos que estão em comunhão com Ele. São também motivo de condenação para quem as pronuncia só com os lábios, sem o propósito de Deus, e sem o cultivo do amor fraternal. "...Por tuas palavras serás justificado e por tuas palavras serás condenado" (Mt 12.37).

É importante conhecer o significado destas exclamações no livro de Apocalipse, onde aparecem com um sentido especial e uma aplicação diferente das dos outros livros.

ALELUIA, com a forma de interjeição, manifestando uma exclamação súbita da alma, só aparece em Apocalipse 19 (vv. 1,3,4 e 6). Quatro vezes foi pronunciada pelos remidos, vibrando de alegria e gratidão a Deus pela condenação da grande prostituta.

O vocábulo é transliterado do hebraico, onde aparece, não como interjeição, mas formando uma sentença completa, apresentando um conselho ou exortação. A exortação é "Louvai ao Senhor", que vem no livro de Salmos, do 104, até o 150, um pouco mais de vinte vezes. A palavra hebraica é "HALLELUIAH" e pode ser analisada em seus três elementos. "Hallel" é do verbo Hallal, que quer dizer "louvar"; *u* (vav, com um ponto à esquerda no meio da altura) é o sufixo, indicando a 2ª pessoa do plural, imperativo; e *iáh*, abreviatura do nome Jeová, Senhor.

O emprego desta frase revela o sentimento do servo de Deus, que está perto dele, tão satisfeito com a presença do Senhor, que deseja que seus companheiros e vizinhos experimentem a mesma felicidade. Animado por este amor fraternal, aconselha: "Louvai ao Senhor". Assim, na linguagem do Salmista não podia existir uma exclamação rápida de alegria na palavra Aleluia; porque esta era empregada para convencer

Aleluia! Amém!

as pessoas descuidadas a experimentarem a doçura da comunhão com o Senhor. Tinha de ser por extenso. "Louvai (vós) ao Senhor".
Não aparece nos profetas, nem nos Evangelhos, nem nas epístolas. Só em Apocalipse, e dirigida somente a Deus, em um louvor de quem se alegra com a vitória do Cordeiro de Deus sobre todo o mundo. É depois de julgada Babilônia, como força mística e força política. Só faltava aplicar as últimas sentenças (Ap 19.20; 20.10 e 20.15).
O motivo da Aleluia era: "Já o Senhor reina" (v. 6).
A Igreja não estava mais aqui no mundo, não havia mais ambiente para evangelizar ou para ser testemunha de Jesus como em Atos 1.8. Só então é que tem lugar na Bíblia a interjeição: "Aleluia".
Nosso pensamento pessoal é que só naquele tempo é que poderemos usar biblicamente esta palavra. A Igreja está incluída em 19.4, nos "vinte e quatro anciãos".
Os apóstolos eram judeus e por que, em suas epístolas, nunca aparece "Aleluia"? Paulo falava o hebraico em seus discursos para os judeus (At 22.1), e não usava esta palavra em suas cartas. Apresenta verdadeiros hinos de louvor e exaltação a Deus (Rm 8.31 a 39; 11.33 a 36), mas, quando quer agradecer as bênçãos do Senhor, usa, por extenso, a frase na língua em que se dirige aos irmãos: "dou graças a Deus, por Jesus Cristo nosso Senhor" (1 Co 15.57). Estas duas últimas passagens se referem exatamente ao louvor a Deus pela vitória do crente pelo poder de Jesus Cristo.
Pedro em sua primeira carta trata da esperança, e na segunda enfatiza a vinda do Senhor. Tiago se ocupa com o cristianismo prático, as obras para provarem a fé. Judas, em um só capítulo, abrange assuntos profundos sobre o juízo de Deus; João expõe, com toda ênfase, a divindade de Cristo e o amor fraternal, porém em nenhum deles vem a palavra "Aleluia". Até o próprio João, que a usou em Apocalipse 19, a omitiu em suas Epístolas. Esta palavra só deve ser pronunciada com toda a reverência. Se o crente estiver dominado pelo sentimento de gratidão a Deus, de alegria pela vitória sobre os inimigos espirituais, grite: "Graças a Deus!" ou cante louvores a Deus (Rm 6.17; Cl 3.16; Tg 5.13). Referências a ação de graças: "Graças Te dou, ó Pai... (Mt 11.25). "Dou graças a Deus... (1 Co 1.14). "Em tudo dai graças" (1 Ts 5.18). "Devemos dar graças a Deus por vós" (2 Ts 1.3). "A oração e súplica em ação de graças" (Fp 4.6). De acordo com as duas últimas

Sombras, Tipos e Mistérios da Bíblia

passagens acima, devemos, em nossas orações individuais, estando a sós com Deus, mencionar as bênçãos, com um reconhecimento sincero e uma gratidão que expresse consagração, humildade e submissão.

AMÉM é diferente de Aleluia, porque aparece mais de setenta vezes em toda a Bíblia. Vem nos livros da Lei, nos Profetas, nos históricos, nos Salmos, nos Evangelhos, nas epístolas e no Apocalipse. O livro onde está maior número de vezes é Deuteronômio, com doze, depois Apocalipse com dez; Amém que dizer: "assim seja", tem o valor de uma oração ou sentença optativa. Seu emprego em geral é uma exclamação de apoio, é interjeição. Na língua hebraica tem o sentido de "verdade", ou "verdadeiramente". Vem com este significado no começo da frase, como foi empregado por Jesus no Evangelho de João: "Em verdade, em verdade vos digo..." (Jo 1.51; 5.24; 6.32,47). No hebraico e no grego é: "Amém, Amém..."

Também é usado o Amém como substantivo: "como dirá... o amém sobre a tua ação de graças...?" (1 Co 14.16) e é nome próprio, porque é um título de Jesus Cristo, significando o verdadeiro, "isto diz o Amém" (Ap 3.14). Com este sentido, só o Apocalipse usa.

No final de quase todos os livros do Novo Testamento, vem o Amém. Só não há em Atos, Tiago e 3 João, nem no conteúdo, nem no fim. Concluindo cada livro, o autor incluía o Amém, querendo dizer: *"isto é verdade"* e *"seja cumprido o que foi dito aqui"*. Amém: *verdade e assim seja*.

Julgamos poder entender sua ausência no final de Atos e Tiago. O primeiro é a história da Igreja vivendo o Evangelho e evangelizando o mundo. A história em Atos não terminou. Seu final mostra Paulo durante dois anos detido, em um quarto que alugou, pregando a todos (At 28.31). Não diz como e quando saiu dali. É incompleta, porque a obra da evangelização ainda não terminou. Só pode levar o Amém quando Jesus vier.

Tiago trata do cristianismo prático, mostra que não tem vida uma religião de palavras, dizer que crê em Deus. O crente tem de viver sua fé, praticar as boas obras para glorificar a Deus, até a vinda do Senhor. Se esta missão ainda não chegou ao fim, ainda não pode ter o amém.

A respeito de 3 João, confessamos que nunca encontramos explicação. As outras epístolas todas, de Romanos a Judas (exceto Tiago como foi dito), dirigidas às Igrejas, aos crentes em geral, ou a indivíduos, concluem o Amém. Não sabemos porque João deixou de colocá-lo,

Aleluia! Amém!

tendo colocado nas duas primeiras e no Apocalipse. Se algum irmão encontrar a razão disto, gostaríamos que nos comunicasse para sabermos também.

Significado do Amém

1) *Amém é o ato de concordar com Deus*

a) Quando a palavra de Deus faz referência ao nosso pecado. A mulher dizia "Amém, Amém", concordando com o castigo de Deus, no caso de ser culpada (Nm 5.22).

b) O povo devia responder "Amém", quando Deus pronunciava a maldição sobre os que pecavam (Dt 27, doze vezes).

c) Diante da mensagem de Deus convidando o povo para a conversão e o perdão (Jr 11.5).

2) *Amém é a manifestação de alegria pela obra do Senhor*

a) Quando Davi louvou a Deus por ter trazido a arca para Jerusalém, e compôs um cântico de ação de graças, todo o povo disse: "Amém", e louvou ao Senhor (1 Cr 16.36).

b) Quando Esdras leu o livro da Lei e ensinou ao povo os caminhos de Deus, louvou ao Senhor, e todo o povo respondeu: "Amém, Amém!" (Ne 8.6).

3) *Amém é demonstração de amor fraternal e cultivo da união do povo de Deus*

a) No tempo dos apóstolos era costume os crentes dizerem Amém, acompanhando as orações dos irmãos (1 Co 14.16).

b) Quando Neemias aconselhava o povo a deixar o pecado e reformar a sua vida espiritual, toda a congregação respondeu: "Amém!" (Ne 5.13).

4) *Amém é Jesus Cristo (Ap 3.14)*

Na carta dirigida a Laodiceia, a igreja rejeitada por Deus, Ele é o Amém, o Fiel e Verdadeiro (Ap 19.11), que reprova os que não andam conforme seu ensino, mas dá uma oportunidade a quem quiser abrir a porta do coração. Quem abrir terá comunhão com Ele, "com ele cearei e ele comigo", e se sentará com Ele no trono para reinar (vv. 20,21). Amém quer dizer *verdade*. Jesus cristo é a verdade (Jo 14.6). Amém quer dizer *assim seja*. Jesus Cristo é quem tem o poder de ordenar as coisas e realizá-las.

Capítulo 17

Os Mistérios de Deus

"Que os homens nos considerem como ministros de Cristo, e despenseiros dos mistérios de Deus" (1 Co 4.1).

Com a missão de divulgar a mensagem do Evangelho, o crente é um administrador dos mistérios de Deus.

Na parábola dos talentos (Mt 25.14-30), os servos receberam valores do seu senhor para negociarem e produzirem lucro. Assim nós recebemos de Deus a riqueza espiritual para administrar de um modo que seja proveitoso a nós e aos outros.

"Medita estas coisas e ocupa-te nelas, porque fazendo isto te salvarás, tanto a ti mesmo como àqueles que te ouvem" (1 Tm 4.16).

Os apóstolos pediram a Jesus explicação sobre a parábola do semeador (Mt 13.11), e Jesus respondeu: "A vós é dado saber os mistérios do reino dos Céus".

Deus sempre revela a sua vontade aos que desejam conhecer melhor os deveres espirituais.

Abraão, servo fiel e obediente, foi informado sobre o castigo de Sodoma, quando Deus disse:

"Ocultarei eu a Abraão o que faço?" (Gn 18.17,18). Outras passagens bíblicas afirmam este fato. "O segredo do Senhor é para os que o temem..." (Sl 25.14a).

"Certamente o Senhor Jeová não fará coisa alguma, sem ter revelado o seu segredo aos seus servos, os profetas" (Am 3.7).

"Há um Deus nos céus que revela o segredo..." (Dn 2.28).

"...Tenho-vos chamado amigos, porque tudo quanto ouvi de meu Pai vos tenho feito conhecer" (Jo 15.15).

A palavra mistério no sentido clássico quer dizer "segredo religioso" ou coisa incompreensível que só é conhecida pelos iniciados no assunto. Nas Escrituras Sagradas, sua definição é bem diferente. Expressa aquilo que só Deus pode revelar, assuntos que foram anunciados no Antigo Testamento e permaneceram obscuros durante séculos, mas foram esclarecidos com a vinda de Jesus, realizando a obra da salvação, e cumprindo as profecias e a Lei.

As doutrinas do Evangelho são os mistérios que os antigos não entendiam e agora são reveladas aos discípulos de Jesus que a Ele pedem sabedoria.

O homem, em seu estado natural, não compreende a mensagem da salvação, que lhe parece loucura, mas quem se submete à direção do Espírito Santo entende. "...Esse [o Espírito] vos ensinará todas as coisas, e vos fará lembrar de tudo quanto vos tenho dito" (Jo 14.26).

Os mistérios de Deus são mencionados nas epístolas de Paulo 21 vezes, e expressam vários aspectos do plano da redenção em Jesus Cristo.

1. O mistério de Deus – Cristo (Cl 2.2; 4.3)

A encarnação de Jesus Cristo, a sua pessoa divina e humana e o poder de sua morte para regeneração do pecador são pontos incompreensíveis para a mente humana.

"Pregamos a Cristo crucificado, que é escândalo para os judeus, e loucura para os gregos, mas para os que são chamados... poder de Deus, e sabedoria de Deus" (1 Co 1.23,24).

Paulo se esforçava para que os colossenses e os laodicenses compreendessem melhor o mistério de Cristo (Cl 1.1,2).

2. O mistério do evangelho (Ef 6.19)

O plano da salvação pela graça de Deus, estendendo o perdão aos pecadores que não merecem é incompreensível ao raciocínio do homem, mas para nós que cremos é uma notícia que nos dá satisfação e segurança.

Os Mistérios de Deus

3. O mistério da vontade de Deus (Ef 1.9)

"Os meus pensamentos não são os vossos pensamentos, nem os vossos caminhos os meus caminhos, diz o Senhor" (Is 55.8).

Deus executa sua vontade em relação ao mundo, oferecendo seu perdão, e aos crentes, entregando-lhes uma tarefa para ser realizada durante esta vida.

Paulo recebeu a revelação da graça de Deus para ensinar aos outros crentes (Ef 3.3,9; Cl 1.26,27), a fim de conhecerem o valor das riquezas espirituais que possuímos por meio de Jesus Cristo.

4. O mistério da igreja (Ef 5.32)

Os remidos pelo Sangue de Jesus Cristo formam um povo espiritual, que é a Igreja de Deus, que está neste mundo para tornar conhecida a graça do mesmo Deus. A Igreja é chamada a noiva do Cordeiro (Ef 5.25-27; Ap 19.7,8,21). Os que aceitaram o Evangelho foram salvos, e serão glorificados, tornando-se a esposa de Jesus Cristo.

5. O mistério da fé (1 Tm 3.9)

Ter fé é crer na existência de alguma coisa que não pode ser provada pelos sentidos.

É a certeza de recebermos as coisas esperadas ou a realidade do que é invisível.

A fé é a confiança na lealdade de alguém.

Por meio da fé estamos guardados (1 Pe 1.5).

A fé produz alegria (1 Pe 1.8); esperança (1 Pe 1.21) e santidade (At 26.18).

O crente anda pela fé (2 Co 5.7); vive pela fé (Gl 2.20); e vence o mundo pela fé (1 Jo 5.4).

6. O mistério da piedade

"Sem dúvida alguma, grande é o mistério da piedade: Aquele que se manifestou em carne, foi justificado em espírito, visto dos anjos, pregado aos gentios, crido no mundo, e recebido acima na glória" (1 Tm 3.16).

A piedade é o amor e respeito pelas coisas religiosas. É também a compaixão pelos sofrimentos alheios.

Deus manifesta a sua piedade porque tem misericórdia de nós. "Não nos tratou segundo os nossos pecados" (Sl 103.10). Jesus Cristo demonstrou sua compaixão para com os sofrimentos alheios quando se entregou ao sacrifício da cruz para nos dar a salvação. "A piedade para tudo é proveitosa, tendo a promessa da vida presente e da que há de vir" (1 Tm 4.8).

7. O mistério da vinda do Senhor (1 Co 15.51)

"Esse Jesus, que dentre vós foi recebido em cima no céu, há de vir assim como para o céu o vistes ir" (At 1.11).

"Os homens maus não entendem o juízo, mas os que buscam ao Senhor entendem tudo" (Pv 28.5).

Jesus prometeu vir buscar os que lhe pertencem, e nós devemos estar preparados para este acontecimento, de tal maneira que sejamos aprovados por Ele.

Primeiro os crentes serão arrebatados num abrir e fechar de olhos (1 Ts 4.13-17; 1 Co 15.52), depois Jesus aparecerá em glória, trazendo os seus santos, para julgar o mundo (Mt 24.30; 1 Ts 4.14; Jd 14; Ap 19.11-16).

Os incrédulos acham isto impossível, pensam que o mundo continuará sempre como está e que Jesus não voltará mais aqui porque foi rejeitado no passado.

O crente espera, confiando na promessa do Senhor Jesus, porque a sua vinda é um estímulo para o testemunho do Evangelho, é motivo de vigilância diante da brevidade da vida, e é uma consolação para as provações que vêm sobre nós.

"Vigiai, pois, porque não sabeis em que dia vem o vosso Senhor" (Mt 24.42).

"Portanto, consolai-vos uns aos outros com estas palavras" (1 Ts 4.18).

A vinda do Senhor é mistério para os incrédulos, mas para nós, os crentes, é a viva esperança que Deus nos concedeu (1 Pe 1.3).

"Nem os olhos viram, nem os ouvidos ouviram, nem jamais penetrou no coração humano o que Deus tem preparado para os que o amam. Mas Deus no-los revelou pelo seu Espírito" (1 Co 2.9,10).